JN095431

持続可能な社会の マーケティング

辻 幸恵 著

嵯峨野書院

は じ め に

　本書は何か新しい切り口でマーケティングを考えてみたいという思いから出発している。マーケット（市場）には人々が集まり，ヒト，モノ，カネ，情報が動いている。社会ではヒト，モノ，カネ，情報の流れ方によって，価値が交換されていく。マーケティングは売り手と買い手の価値の交換なのである。これまでの価値を示す基準はモノ（製品）の性能や希少性であった。あるいは情報の量や質であった。実際にモノ（製品）を扱う人々やサービスを提供する人々の態度に対して買い手側の快，不快，好悪などの心理が影響したのである。これが消費者心理である。消費者心理を理解することによって，ひいてはマーケットの予測ができるのである。

　現在，社会について様々な角度から考察する動きがある。SDGs（エスディジーズ）という言葉も聞いたことがあるはずである。これは Sustainable Development Goals に複数形の s がついた言葉の略語である。SDGs は国連で 2015 年 9 月に採択された「持続可能な開発のための 2030 アジェンダ」の 2016 年から 2030 年までの国際目標なのである。Sustainable（持続可能）な世界を実現するための 17 のゴール（目標），169 のターゲットから構成されている[1]。そこには教育に対する権利や貧困，生活の格差などの問題に対する支援や解決に向けての活動が計画されている。SDGs に示されているような問題解決に対する価値観はこれまでにはないものであった。このようにこれまでとは異なる次元での価値を見出して，それらのマーケットを創造していくことが，今後さらに重要になるであろう。

---

1) 17 の目標は 1. 貧困をなくそう，2. 飢餓をゼロに，3. すべての人に健康と福祉を，4. 質の高い教育をみんなに，5. ジェンダー平等を実現しよう，6. 安全な水とトイレを世界中に，7. エネルギーをみんなにそしてクリーンに，8. 働きがいも経済成長も，9. 産業と技術革新の基盤をつくろう，10. 人や国の不平等をなくそう，11. 住み続けられるまちづくりを，12. つくる責任つかう責任，13. 気候変動に具体的な対策を，14. 海の豊かさを守ろう，15. 陸の豊かさも守ろう，16. 平和と公正をすべての人に，17. パートナーシップで目標を達成しよう

SDGs は遠い次元の話ではない。日々の買い物の中など，生活の中に解決できることが含まれているのだ。たとえば，衣類のリサイクルやリユースも Sustainable（持続可能）な世界を実現するためのひとつの方法である。古着がリサイクルとして活用されるものもあれば，繊維に戻り，再び新しい製品になるものもある。古着のまま他人が着るのであれば，リユースとして活用される。洋服でも廃棄する前に考えるべきことが多く存在するのだ。中古ブランドブームが起きた頃，海外有名ブランド品の中古品フェアが日本全国で開催された。そこでは「もったいない」という気持ちや「エコ」という意識よりも，単純に海外有名ブランド品が安く手に入るという経済的な理由が圧倒的に多かった。現在は「エコ」意識や「もったいない」という気持ちに加え，持続可能な社会を考える一因としての中古品の価値を消費者が見出しているのである。消費者の意識の変化は，売る側の変化もうながす。つまり，売る側の工夫であるマーケティングにも変化を起こすのである。

　さて，本書の構成は大きく 2 つに分かれる。前半の第 1 章から第 6 章まではマーケティングの新しい傾向についてふれる。第 1 章ではマーケティング論がアメリカで生まれたことや日本に入ってきた頃の日本の様子などを紹介した。そもそもマーケティング論がどのようなものであったのかを確認した。第 2 章では地域を取り上げて，そこで展開される商売に焦点をあてる。第 3 章ではギフトという自身では使用しない品物に対する購買行動を取り上げた。第 4 章では地域と密着な関係にある「ゆるキャラ」を切り口に，キャラクター効果を説明する。第 5 章ではアートがどのような形になるとマーケティングと結びつくのかについて述べる。第 6 章では社会の中でのマーケティング，すなわちソーシャル・マーケティングの例としてフェアトレードをあげる。

　後半の第 7 章から第 10 章までは消費者の視点から世の中の変化を説明する。第 7 章でものづくりをする消費者に焦点をあて，ハンドメイド市場の現状を取り上げる。第 8 章では手元にあるモノを販売する消費者の特徴や心理を明らかにする。そのことによって，モノの流れの変化や価値観の変化を示すことができよう。第 9 章では若者の「ハレ」という場面での意識を調べた。ハレの場と

して成人式と卒業式を例示し，それぞれの場でのハレの装いとして振袖と袴姿の調査結果を示した。第10章では新しい消費者像を紹介する。モノをほしがらない若者たちは，レンタルやシェアで生活を楽しんでいる。それらの新しい消費行動に焦点をあてる。

　前半と後半では視点が異なるが，いずれにしても変化する社会と消費者の現状を分析している。マーケットは動くものだから，今はそれが消費者にアピールするためには有効な手段であったとしても，将来はわからない。今の消費者（ターゲット）を最大限，理解することが，将来のマーケットを創造することにつながると考える。

目　　次

第1章 マーケティングの新しい傾向

1 従来型のマーケティングとその傾向

　従来型のマーケティングというと旧式のような響きがあるが，決してマイナスなイメージではない。考え方の根本は今も変わらない部分が多いからである。ただし，新しい技術によって，使う側（消費者）の生活と価値観は大きく変化してきた。

　マーケティングはその言葉に ing を含むとおり，現在進行形なのである。市場は常に社会の中にあり，そこでは日々，変化が起こっている。戦後，日本は高度成長を遂げ「大衆化社会」「情報化社会」「高齢化社会」などを経て，生活様式が変化した。今は超高齢化社会である。たとえば，今では当たり前のように多くの人々が使用しているスマートフォンによって，リアルタイムで情報を取得することができるようになった。どこにいるのかという位置確認もできる。また，支払いのためのアプリを内蔵していれば財布になり，買い手側（消費者）は，現金を持ち歩かなくても購買行動が可能になった。

　売り手側も，従来の顧客である消費者を，製品として扱ってきたモノを，現金であったカネを，そして企業からの広告が主であった情報を，見直さなければならなくなってきたのである。売り手側が買い手側と相互にかかわりながら市場を成立させていることは今も昔も変わらないが，媒体となるヒト，モノ，カネ，情報が変化しているのである。マーケティングの根底にある「交換」という概念は変わらないが，媒体が変化したことによって，売り方やターゲット

1

が従来とは異なるのである。このマーケティング概念については，小川（2009）が「第二次世界大戦前の日本に「マーケティング概念」（marketing concept）がまったく存在していなかったわけではない。」と述べ，「江戸時代の商家経営（三越の前身にあたる「越後屋」や石田梅岩の思想）にその片鱗は見られる」としている[1]。

　従来型マーケティングは池尾他（2010）が述べたように「マーケティングが生まれたのは，19世紀末から20世紀初頭のアメリカだと言われている」[2]。その頃のアメリカでは自動車産業が盛んで，まさに大規模な生産体制に入っていたのである。マーケティング論がアメリカから日本に入ってきたのは，1960年のはじめ頃と言われている。アメリカから輸入されたマーケティングは，広大な国土を背景に生まれた物流システムや大規模な工場で生産された製品を元にした商売の工夫なのである。アメリカから輸入された従来のマーケティングが日本で活躍した時期は，日本でも大量生産・大量消費の時代であった。高度経済成長の時代である。そこではマーケティングの基本政策である製品，価格，プロモーション，流通の各政策の力が発揮された。また，この4つの政策の頭文字をとって4Pとも呼ぶのだが，現実的には個々の力よりもそれらが市場でミックスされて効果をあげたのである。これをマーケティング・ミックスと言う。製品を大量に生産して，それらを大量に購入する消費者の存在が，メガヒット（大流行）を生み出したのである。このように4Pがマーケティングの基本要素であり，それらを組み合わせることによって，現実的には売り手と買い手間に「交換」が成立していたのである。

　「交換」については図表1-1に示した。まず，売り手が買い手に情報伝達を

---

1) 小川孔輔（2009）『マーケティング入門』日本経済新聞出版社，61頁引用。つづきには「また，大正・昭和期の森永製菓や資生堂はすでに，戦後わが国が米国から導入したさまざまなマーケティング手法を実際に実行していたことは事実が示すとおりである」とある。

2) 池尾恭一，青木幸弘，南知恵子，井上哲浩（2010）『マーケティング』有斐閣，3頁を引用。つづきには「当時アメリカでは，フォードの自動車生産に代表される大量生産技術や大規模生産技術がさまざまな産業で次々と導入されていた。つまり，生産段階での効率の追求により，費用削減と競争力の強化が目指されたのであった。」とある。

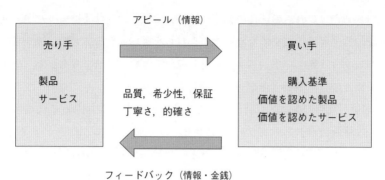

図表1-1　売り手からのアピールと買い手の受けとめ方　　　（筆者作成）

する。もちろん，その場合は広告として，製品やサービスのアピールをする。買い手は自身の購入基準を持っている。製品の質，価格，形状，色，サイズ，重さなど様々な角度から価値を認めた製品やサービスを購入する。その場合，どのような買い手が購入したのかをPOSシステムをはじめ，いくつかのシステムによって売り手にフィードバックされるのである[3]。このデータ（顧客データなど）が新しい製品やサービスを開発する時に役立つのである。

　さて，メガヒットと呼ばれるような大流行の例として，1950年代後半の「三種の神器」と呼ばれた家電があげられる。それらは白黒テレビ，洗濯機，冷蔵庫であった。これらの家電はそれまでとは異なる圧倒的な技術向上によって生まれた製品であった。白黒テレビによって情報の広がりが迅速に，ビジュアルになったのである。ただし，白黒テレビは高額であったため，家庭に入るよりも先に多くの人々が集まる銭湯や大型飲食店に導入された。いわば集客力のある場所から導入されていったのである。また，それまでは手洗いであった洗濯の作業が洗濯機という機械によってなされた。これは主婦の家事労働の時間を短縮し，労働そのものを軽減したのである。なお，一番遅く普及したものは冷

3）POSシステムとは小売店で用いられる商品の販売情報の管理システムのことである。商品を売った時点で，商品名，金額などの商品情報や配送状況がわかるのである。一般的には商品につけられたバーコードを読みとる。

蔵庫であった。これらの三種の神器と呼ばれる家電は高額ではあったが，庶民でも手の届く範囲の価格でもあった。これらを手に入れることが，豊かさのシンボルであり，新しい生活スタイルをしているという自負でもあった。やがて，1958（昭和33）年頃から東京タワー竣工とミッチーブーム（ご成婚）がきっかけとなり，家庭の中にテレビが浸透していったのである。1960年代後半には「新・三種の神器」としてカラーテレビ，クーラー，マイカーが登場した。1964（昭和39）年の東京で開催されたオリンピックをきっかけに家庭の中には，白黒テレビからカラーテレビへの移行がおこなわれた。なお，「新・三種の神器」の中で一番遅く普及したものはクーラーであった。当時は扇風機が一般家庭に普及していた。「もはや戦後ではない」といわれた時代から，高度成長期に入り，大量生産，大量消費の時代には大流行する製品であふれていたのである。

　大流行するものには，日常生活に役立つような家電だけではなく，ダッコちゃん人形のように嗜好性が強いものもあった。生活必需品にとらわれることなく，「おもしろい」「かわいい」「おしゃれ」といった理由で購入できるダッコちゃんは，日本人に経済的な余裕ができてきたことを意味している。ただし，感性マーケティングに移行するにはまだ時間がかかり，その当時のマーケティングとしては，製品が中心であった。企業の主な目標は優れた製品を量産し，大量に売ることであった。そのために技術の向上を目指し，工場の稼動率をあげ，効率的な生産ラインのシステム構築という明確な目標を持っていたのである。

　やがて，マーケティングの概念は時代とともに変化する。述べてきたように，大量生産のシステムを作り出して整えてきた生産志向（seeds oriented）からはじまったが，作り出すモノ，すなわち製品の質をあげ，優れた製品を作りあげるという製品志向（product oriented）へ移行する。ここでは技術の向上によって革新的な製品を消費者に提案することも含まれている。次には販売志向（sales oriented），顧客志向（customer oriented）とすすみ，今は社会志向（social oriented）と言われている[4]。販売志向は文字どおり，いかに消費者に販売していくのかということが重視され，広告手法に工夫がなされた時代である。消費者に情報を届けることを重視した点においては，当時はテレビ広告が全盛時代で，有名

人を起用し，派手な演出をしていた。流行歌もテレビ広告からヒットするような時代であった。これらの手法は今にも通じている手法である。次の顧客志向については，顧客満足を高めるために何をすべきかが重視された。さらに現在では，滋野他（2018）が述べたように「顧客の満足のみならず，生活者への環境負荷を提言することを重視する考え方」が重視されている。そして社会志向では，社会環境や社会貢献が視野に入ってきた。自社の工場からの汚水を川や海に垂れ流すような企業は減少し，自然を破壊することなく，安全な製品づくりが目指されたのである。現時点では，災害にあった場合の支援などもボランティアだけではなく，クラウドファンディングのような手法も普及しつつある。継続的な支援や計画的な支援が持続可能な社会を作り，持続可能な社会のためのモノづくりやしくみづくりがマーケティング分野にも含まれるようになってきたのである。

2 | 4P から 4C への変化

　4P とはマーケティングの基本政策の頭文字をとって名づけられた呼び方である。それらは製品政策（Product policy），価格政策（Price policy），販売促進政策（Promotion policy），流通政策（Place policy）の 4 つである。滋野他（2018）はこれらが「それぞれ個別に最適化を目指す形態でのマーケティング活動のこと」であると説明している[5]。

　図表 1-2 に従来の 4P とそれが消費者志向になった 4C を示した。その中身として矢印の下に，具体例を示した。たとえば製品政策では，具体的には色・

4）滋野英憲，辻幸恵，松田優（2018）『マーケティング講義ノート』白桃書房，7 頁参考。ソーシャル・マーケティングについては 8 頁に「日本で，ソーシャル・マーケティングの考え方を提唱し，従来のマーケティングの転換の必要性を論じたのは，三上富三郎（1982）が初めてである」と説明している。

5）同掲書 9 頁引用。つづきには「マーケティング活動を分析する視点として，それぞれの機能の頭文字をまとめて，マーケティングの 4Ps と呼ばれ現在も分析の視点として重要なとらえ方とされている」とある。複数形なので本来ならば s がつくが，本文では 4P と記載している。4P と呼ばれることの方が多いからである。

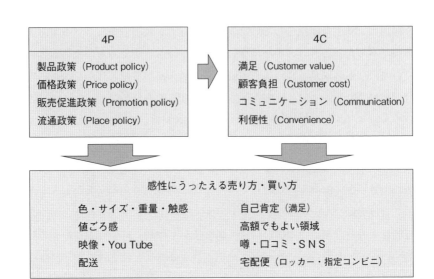

4P	4C
製品政策（Product policy） 価格政策（Price policy） 販売促進政策（Promotion policy） 流通政策（Place policy）	満足（Customer value） 顧客負担（Customer cost） コミュニケーション（Communication） 利便性（Convenience）

感性にうったえる売り方・買い方

色・サイズ・重量・触感	自己肯定（満足）
値ごろ感	高額でもよい領域
映像・You Tube	噂・口コミ・ＳＮＳ
配送	宅配便（ロッカー・指定コンビニ）

図表 1-2　4P から 4C への移行と具体化　　　　（筆者作成）

サイズ・重量・触感などがあげられる。これらは感性の範疇である。色には好悪がある。サイズも重量，触感も同様である。これらを選別して買い手は購入を判断する。流通政策は従来の自宅への配送だけではなく，最近では，駅やコンビニエンスストアなど指定された場所への配送も可能になり，買い手は自宅ではなく，最寄り駅や行きつけのコンビニエンスストアでも荷物を受け取ることが可能である。第 1 節で述べたように 4P は大量生産，大量消費には最適な政策であった。しかし，顧客の満足という顧客の心理を考えた場合，売り手である企業側の都合を優先するわけにはいかなかった。日本国内でも以前と比較すると爆発的な流行が少なくなり，徐々にメガヒット商品も少なくなってきた。そこで 4P に対抗して，新しい考え方として 4C が生まれてきたのである。4C とは顧客価値（Customer value），顧客負担（Customer cost），コミュニケーション（Communication），利便性（Convenience）の 4 つである。この 4C をいかに実務的に落とし込んでいくのかが企業の手腕になる。特に感性にうったえる売り方をするためには，顧客の嗜好をどこまで把握できるのか，顧客ニーズをどこまで訴求した製品やサービスを提供できるのかが明暗を分けるといえよう。ただ

し，企業が顧客の個々のニーズをすべて満たすことはできない。それはコスト面だけではなく，現実的にすべての製品やサービスをオーダーメイドにするわけにはいかないからである。もちろん，特別な洋服や和服，ジュエリー，自家用車などは完全なオーダーメイドでも商売として成立するが，多くの製品やサービスの完全なオーダーメイドは，効率も悪く，採算がとれない。限られた条件や経営資源の中で，顧客ニーズを最大限に考えた場合，どの程度のニーズに答えれば顧客の満足度が高くなるのかを把握しなければならない。限られた経営資源を効率的に使いながら，なおかつ顧客の満足を高めるために，STP という方法がある[6]。これはセグメンテーション（Segmentation），ターゲティング（Targeting），ポジショニング（Positioning）の頭文字をとっている。セグメンテーションは顧客をある条件で分け，分類したものである。ターゲティングは対象と訳され，企業の得意とする分野の絞りこみである。ポジショニングは企業が自社の製品やサービスを他社と比較し，市場内でどのような位置づけにおくかということである。ランキングに似ているが，単純に売上だけの比較ではない。特にセグメンテーションは，市場戦略の中では重要な作戦である。フィリップ・コトラー（P.Kotler）は「セグメンテーションとは，市場をいくつかの顧客別の部分集合（segment）に分割すること」と説明している。またデイヴィット・アーカー（D.Aaker）は「ある競争戦略に対して，他の顧客グループとは異なった反応をする顧客グループを識別する」と述べている。このセグメンテーションと似ているのが，製品の差別化戦略である。セグメンテーションも差別化戦略も，いわば消費者の多様化に伴ったニーズの多様性に対応したコンセプトである。ただし，差別化が製品を代表としていることに対して，セグメンテーションは顧客の性質を分析してグループ化する。つまり，人を対象としていることが差別化とは異なる点である[7]。

---

6) 石井淳蔵，廣田章光，坂田隆文編（2016）『1 からのマーケティング・デザイン』碩学舎，27 頁，コラム 2-2 を参照。ここでは「すべての消費者を対象に同一製品を同一のマーケティング手法で販売するほうが，企業にとって最も効率のよい方法ではないかと思われるかもしれないが，消費者のニーズが多様化している市場環境では，決して最適なアプローチとはいえない」と述べられている。このような理由から STP を使用することをすすめているのである。

さて，フィリップ・コトラー（P. Kotler）が顧客ニーズには2つのタイプがあると述べている。それらは顕在的ニーズと潜在的ニーズである。「顕在的なニーズは，顧客がすでに自覚していて，表現できるものである。潜在的ニーズは，顧客自身も表現することができず，満たされるとも考えていない」と説明した[8]。潜在的ニーズを掘り起こすのは至難の業であることは周知のとおりである。潜在的ニーズは目には見えないが，人々の行動や心理から読み解くことができる。たとえば，「見立て」という行為は，モノを何かに見立てて，それらしくしながら使用する行為であるが，そこには，美的感覚と潜在意識が存在すると梅村（2006）は説明している[9]。そして，細分化された集団内での価値の共有が，何かのきっかけで流行を生むことも説明している。流行に成長した時に，それが潜在的なニーズであったと気がつくのである。

図表1-3に潜在的ニーズと顕在的ニーズとを比較したものを示した。潜在的ニーズは，売り手側から提案された時に，買い手側（顧客）がそれに賛成か反対か，欲しいか欲しくないかなどの判断をする。ただし多くは新しい製品やサービスで買い手側は見たことや使った経験がない。それまでの判断基準がないの

潜在的ニーズ	顕在的ニーズ
提案された時に賛否の判断	自身の好悪が基準
新しく提供される	現時点で欠けている所を補う
新発見	再発見（気づく）
見たことがない	改良されたもの，知っている

図表1-3　2つの顧客ニーズの比較　　　　　（筆者作成）

---

7) 原書は Aaker, D.A.（1984）*Strategic Market Management*, John Wiley & Sons. この訳本は野中郁次郎，北洞忠宏，嶋口充輝，石井淳蔵訳（1986）『戦略市場経営』ダイヤモンド社

8) 恩蔵直人解説，有賀裕子訳（2002）『コトラー　新・マーケティング原理』翔泳社，62頁引用。

9) 辻幸恵，梅村修（2006）『アート・マーケティング』白桃書房，第4章（pp.77-86）を参照。その中で梅村は「このように価値観が細かく分裂し，趣味や関心を同じくする小集団内部でしか連帯の気分が味わえない時代では，突出した個性の登場やナショナリズムを刺激する事件が，すさまじい集団的磁場を形成し，人や世論を集め，思わぬ流行や時流をつくることがある」と述べている。

である。よって，好きあるいは嫌いという好みで判断をするしかないのである。これに対して顕在的ニーズは顧客自身もしっかりとしたニーズを形づくっていると考えられる。たとえばテイストであれば，ある製品と比較してもっと甘い方が良いなどの意見をすぐにいえるだろう。改良されたものであれば，すでに知っている製品やサービスも多いのである。

3　ブランドに対する変化

　日本人はブランド志向だといわれた時代があった。その頃のブランド志向は海外の一流有名ブランドを欲しがることを指していた。そこにはブランドの製品というよりもブランド名に対するこだわりが見受けられた。つまり，ルイ・ヴィトンの鞄が欲しいわけで，どのタイプのどの種類ということではなかったのである。ただ，ルイ・ヴィトンでありさえすればよかったのである。最近のブランドは，海外の一流有名ブランドだけを意味するわけではない。もともとのブランドの意味の中に差別化が含まれているように，他の製品と，他のサービスと区別できるものの総称になってきている。よって，ブランドは衣食住のすべての分野に顕著に存在するようになってきた。高橋（2012）も「消費者の多様なニーズに細かく対応するために，数多くのブランドが市場に投入され続けてきた。その結果，市場は多くのブランドで溢れかえっている」とフィリップ・コトラーの言葉を引用し，消費者の個々のカテゴリーに対する意識をスナック菓子から自家用車までの幅広い15のカテゴリーを設定して分析した[10]。そして因子分析から「愛着（コミットメント）因子」「カテゴリー通因子」「規範としての購買因子」「合理的因子」「購買関与因子」という5つの因子を見出している。ブランドに対する愛着については久保田（2013）が『多くの消費者にとっ

10）　高橋広行，徳山美津恵（2012）「消費者視点のカテゴリー・マネジメント」『繊維製品消費科学』Vol.53, No.10, 23頁引用。つづきには「しかし，ブランドが増えれば増えるほど，ブランド間の差やちょっとした違いは小さなものとなってしまい，結局，価格の違いでしか判断されなくなってしまう」とある。

て，特定のブランドに親しみや身近さを感じることは珍しいことでない。マーケティング領域では，このような消費者心理を「ブランド・リレーションシップ」という』と述べている[11]。

　たとえば，若い人々にとってファストファッションはブランドである。比較的に安価で，身近で手軽に手に入りやすい服である。ただ，ファストファッションは商品の回転が速く，メーカーたちが在庫を抱えたくないため，ロット数をおさえている。消費者は「欲しい」と思った時に購入しておかないと，商品が売り切れて在庫がないという状態になる。決して高額商品ではないが，れっきとしたブランドなのである。若者たちはファストファッションに親しみや身近さを感じながらもブランドとして認めている。ただし，若者たちにとってブランドはオンリーワンではない。それが従来の日本人のブランド志向との大きな差である。つまり，どうしてもそれでなければならないという気持ちが，以前よりも低いのである。これは多様化した価値の中で育った若者たちの特徴である。その特徴をふまえると，極端に差別化された製品やサービスを提供したとしても，若者たちがそれらにどこまで愛着やロイヤリティを持ち続けるのかは不明なのである。そして，カテゴリー化された小さな市場からどの程度まで成長できるのかも不明なのである。

　図表1-4にこれまでのブランドに対する新旧の比較を示した。従来からの変化の中で目をひくところは，差別化がある程度できればよいという基準である。だれがどこからみてもわかるというようなブランドではないとすれば，それは他者に気づかれない場合もある。よって，従来のように他者への自慢意識ではなく，どちらかといえば，自分自身が納得し，あるいは満足できる製品であればよいということになる。そのような場合，コアなファンとしての顧客を増やして囲いこむか，あるいは話題になって老若男女に広く受け入れてもらえる商

---

11) 久保田進彦（2013）「ブランド・リレーションシップ—消費者とブランドの絆—」『繊維製品消費科学』Vol.54, No.2, 13頁引用。つづきには「ブランド・リレーションシップとは，消費者が特定のブランドとの間に抱く心理的な絆や結びつきであり，当該ブランドに対する態度や行動に肯定的な影響を及ぼすものである」とある。

従来のブランドへの概念	昨今のブランドへの概念
唯一のもの 差別化が顕著な製品 憧れがある商品 誰もが知っている 一流である 高額である	ある程度の差別化ができる製品 親しみがある商品 自分の周りは知っている 一流とは限らない 価格帯の幅が大きい

図表1-4　ブランドに対する心理的変化　　　（筆者作成）

品をブランドとして提供するのかというような手法が適切であると考えられる。そして決して他人が憧れるようなブランドではなくても，いわば顧客との関係が良好であるような身近な商品をブランドとして若者は望んでいることがうかがえる。

4　買うという行動の変化と売るという行動の変化

1　買うという行動の変化

2019（令和元）年10月から消費税が改正されたので，税率が8％のものと10％のものに分かれる。今までの8％であれば，100円のものは108円であった。おつりも1円玉でかえってきた。しかし，町の小さな喫茶店でさえも最近ではキャッシュレスの時代である。財布の中身を気にしながらその場で購入するというよりもカードでの支払いが多いので後日，通帳の残金を気にする方が多いのである。

買うということは「交換」であったが，今や交換ではなく，目には見えない引き落としというシステムで成立しているのである。よって，「買う」ことをうながす要因にも変化が見られる。たとえば，店舗内であれば顧客の導線を調べ，商品の配置に気を配っていたが，インターネットを活用して購入する場合

には，店舗内での導線などは関係がない。また，インターネットを使用するのであれば，従業員の接客態度も関係がないのである。カリスマ店員やカリスマ店長の力が発揮できるのは店頭販売の特徴である。よって，人とのコミュニケーションをとる必要もなく，買うという行動が可能になる。また，インターネットは購入時間の制約がない。夜中でも購買行動は成立する。出向くという時間的な制約もない。店舗までの交通費も不要である。

　買うために必要であった時間も交通手段も対人関係もすべて無くとも購買行動が成立するのが現状である。そして，欲しいものがたとえ国内になかったとしてもインターネットを利用すれば，海外の商品を検索し，注文することも可能なのである。たとえば，海外旅行の土産でも国内で用意ができるのである。

　買うという行動が経験や体験を付随していた時は，買うこと自体が新しい経験をすることでもあった。しかし，家にいながら情報検索できる現在では，特別な体験や経験でない限り，日常的な買い物に魅力を感じる人々は昔よりも減少傾向にある。昔は市場に行くことで店の人や近所の人たちとのコミュニケーションをとることが楽しみのひとつであった。それは商店街という空間の中での体験で，そこに行けば話す相手がいて，近隣の情報も得ることができたからである。現在，スーパーマーケットやコンビニエンスストアで買い物をしても，そのような人間関係や近隣情報は期待できない。そもそもスーパーマーケットやコンビニエンスストアに何かを期待して買い物には行かないのである。買う行為に付随していた人間関係や情報取得はスマートフォンに代わられ，製品と貨幣の交換という原則もカード利用に代わられようとしている。

　また世帯人数が減少したため，一度に購入する買い物の量も多くはないのである[12]。そのため，わざわざ日用品や食品を買うために出かけるのではなく，駅中や外出先からのついでに購入することも可能なのである。この場合，目的は何かを購入するという買い物行動ではないことになる。

---

12) 2016（平成28）年の平均世帯人数は 2.47 である。「単独世帯」「夫婦のみの世帯」が増加傾向である。
　これは 2018（平成30）年に出された政府統計の国民生活基礎調査の 2016（平成28）年の結果である。

2　売るという行動の変化

　売り方にも変化がある。その代表例が在庫をもたない売り方と，精算方法の変化である。在庫をもたない売り方は㈱ファーストリテイリングの GU というブランドが例示できる。ファストファッションのため，サイクルが短い，つまり商品が短命なのである。そこで在庫を多く用意せずに，売り切ってしまう戦略である。この方法は，品揃えを充実させていた従来のマーケティングとは異なっている。ファーストリテイリングのユニクロをはじめ，いくつかの店舗では「セルフレジ」が導入されている。レジ横の読み取り機械に商品を置くと，自動的に購入した製品の金額が提示されるのである。急ぐ人や自分で清算が可能である人にはレジサービスは不要である。レジでの人的なサービスをカットすることで，むしろ消費者には並ぶ時間が短いという利点を生む。売り手側はレジにかかる人的資源のカットにもなる。機械の読み取りが不正確な場合もあるかもしれないが，レジを打ち間違う人間のミスよりもはるかに機械の読み取りの方が正確なのである。

　広告の変化については，企業からのメッセージとしての広告よりも，消費者どうしのメッセージを重んじる，信じる傾向があるといわれている。その代表が Twitter やブログである。あるいは YouTube でもある。そこには消費者目線での商品やサービス，ひいては会社の評価が紹介されている。いくら企業が製品やサービスの良さを広告しても，使用してみた消費者の声の方を消費者は信じるのである。よって従来のように商品やサービスの良さのみを企業側から発信するだけではなく，買った後の利点や，買う意味，使う意味を想定した売り方が必要なのである。

　たとえば，プラスチックゴミが世界の海の環境や，生態系を壊すと指摘されてから，スターバックスは2万8,000余りある全世界の店舗においてこれまでの使い捨てのプラスチックストローを廃止する計画を発表している。このように環境に配慮した姿勢を明確にすることによって，企業の価値をあげ，商品販売に結びつけていく売り方へ移行している。

ここでは従来の買い方や売り方の一例を示したが，消費者も企業も変化しつつある。環境や社会への配慮を念頭におく消費形態への変化といえよう。

【参考文献】

和泉志穂，赤岡仁之（2015）「消費者行動における感性価値の研究―複数の感覚項目の関係性および性差・世代差からの検討―」『繊維製品消費科学』Vol.56, No, 7, pp.35-41

伊丹敬之（2012）『経営戦略の論理　第4版』日本経済新聞出版社

池尾恭一，青木幸弘，南知恵子，井上哲浩（2010）『マーケティング』有斐閣

石井淳蔵，廣田章光編著（2009）『1からのマーケティング（第3版）』碩学舎

石井淳蔵，廣田章光，坂田隆文編著（2016）『1からのマーケティング・デザイン』碩学舎

小川孔輔（2009）『マーケティング入門』日本経済新聞出版社

恩蔵直人解説，有賀裕子訳（2002）『コトラー　新・マーケティング原理』翔泳社

久保田進彦（2013）「ブランド・リレーションシップ―消費者とブランドの絆―」『繊維製品消費科学』Vol.54, No.2, pp.13-19

滋野英憲，辻幸恵，松田優（2018）『マーケティング講義ノート』白桃書房

高橋広行，徳山美津恵（2012）「消費者視点のカテゴリー・マネジメント」『繊維製品消費科学』Vol.53, No.10, pp.22-29

辻幸恵，梅村修（2006）『アート・マーケティング』白桃書房

西原彰宏（2012）「バラエティ・シーキング―その要因と今後の研究の方向性―」『繊維製品消費科学』Vol. 53, No. 11, pp. 20-27

野中郁次郎，北洞忠宏，嶋口充輝，石井淳蔵訳（1986）『戦略市場経営』ダイヤモンド社

三上富三郎（1982）『ソーシャル・マーケティング―21世紀に向けての新しいマーケティング』同文舘出版

Aaker, D.A.（1984）*Strategic Market Management*, John Wiley & Sons.

第2章　地域マーケティング

1　地域マーケティングの方向性

　地域創生，まちづくり，地域活性化などは，最近よく耳にする言葉である。地域マーケティングは，地域をいかに活性化するのかということを手助けするイメージがあるが，イメージだけではなく実際にそのような活動を行っている地域も多い。具体的には，地域そのものの売り出し方を考えたり，他の地域との差別化のためにその地域特有の産物や場所を見出したり，他の地域からその地域にきてもらえるような集客力を身につけたりすることの総合的な工夫ともいえよう。観光誘致のみではなく，地元の商店街の活性化や地域住民の生活向上や満足度向上も地域マーケティングの範疇である。

　田中，田村（2007）はまちづくりの概念を「地域内の資産を基盤として，多様な主体が連携・協働して，まちの活力やにぎわいを高め，まちの質的価値の向上を実現するための一連の持続的な活動であり，推進母体（主体）を確立してまちづくり運動へ高めていくこと」とし，その必要性を説いている。日本では高度経済成長をなしとげた後，1990年代の終わりに，郊外型商業施設の進出や公共施設が地価の安い郊外へと移転し，中心市街地の空洞化が問題視された。そのことから「まちづくり3法」が施行されたのである[1]。特に，この3法の中でも中心市街地の活性化に関する法律により，商業化の活性化が重視さ

1）まちづくり3法とは，中心市街地の活性化に関する法律（1998年7月施行），改正都市計画法（1998年11月施行），大規模小売店舗立地法（2000年6月施行）の3つを指す。

図表 2-1　まちづくりの概念図
出典：田中道雄，田村公一編（2007）「第11章まちづくりの
　　　マーケティング」『現代のマーケティング』中央経済
　　　社，223頁，図表11-1まちづくりの概念図引用。

れたのである。地域の商業を主体的に見直し，事業として育てなければならないという意識が明確になってきたのである。田中，田村（2007）はまちづくりの概念図として図表 2-1 を掲げ，次のようにまちづくりを説明している。

　「構想，主体，事業によって構成され，これらが一体的に推進されることによって可能となり，これらの持続可能性を高めることが望まれる。」これらの持続可能性を高める活動を含めて，地域を考えた場合，マーケティングとしては製品，価格，広告，流通の4つの基本を組み合わせながら，地域の活性化に役立つ方向性を模索することになる。現実的には図表 2-1 に示された 3 つの役割が均等ではなく，構想だけが先走り，事業が追いつかないケースや，主体はあるが事業が続かない場合もある。あるいは構想と事業がかけ離れてしまう場合もある。そのような中で，構想，主体，事業の 3 つのバランスをとりながら，効率的に，また持続的にまちづくりを進めていくためには，コーディネーターの役割を担う人（あるいは団体）が必要になる。

2　地域を地場産業の拠点として考えた場合

　マーケティングの基本要因のうちの製品を軸として，ここでは地場産業について考える。地域のすばらしい製品を例示することによって，地域と製品との結びつきを考える。地場産業とは一定の地域に特定の業種が集積していることを言う。この産業集積に関する研究については東ら（2007）が「欧米諸国にお

いては1980年代以降，わが国においては1990年代半ばから活発に議論されて
きた」と述べている[2]。永沢（1986）はアルフレッド・マーシャル（Marshall, A.,
1919）の訳書の中で産業地域についての概念の一部を次のように訳している。
「ほとんどすべての産業地域は1つまたはそれ以上の大都市を中心として集
まっている。このような大都市は，はじめは，商業のみならず産業の技術にお
いても指導者であって，住民の過半数が職人であった。（中略）新しい工場が
周囲の田園地帯や小都市にますます発展するようになった。同時に都市の商業
上の機能が発達した。その地域の生産物のための倉庫が工場と入れ替わり，ま
た，その地域のための商店が拡張され，あらゆる種類の銀行や商社が際立った
存在となった」のである。このように地域に根付いた職人たちが形成する産業
が，やがて集積したうえで都市として発展していくのである。以下に日本のい
くつかの事例を紹介する。

　最初に，岐阜県のアパレル産業を例示する。岐阜県は製糸，製織，染色，企
画，縫製というアパレルには不可欠な一連の作業工程が一貫してできる地域で
ある。つまり，一般的な川上から川下までのすべてをカバーしている地域なの
である。この地域（岐阜）の特徴は，商業型アパレルと工業型アパレルの並存
である。商業型アパレルとは，商品の企画，設計，生産，生産管理，卸業務な
どが具体例としてあげられる。工業型アパレルでは，縫製，加工を担っている。
岐阜県のアパレル産業の歴史は第二次世界大戦後からスタートした。当時，他
所と同様に岐阜も市街地が戦火のため焼け野原になった。市街地にはバラック
が立ち並び，米や野菜だけではなく，生活必需品としての衣類の売買が闇市な
どからはじまった。特に，古着などが市で取引されたのである。やがて，食品
である米や野菜が闇市から消え，それらは店舗として市内の新しい市場を形成
した。商店街へと移行していったのである。

　さて，衣類は毛織物が羽島市や一宮市から運ばれ，絹織物が各務原市から運

---

2 ）東伸一，梅村修，玄野博行，辻幸恵（2007）『消費社会とマーケティング』嵯峨野書院，121頁引用。
　本書では「第6章産業集積に関する古典的理論」と「第7章マーシャルによる産業集積の系譜と産
　業クラスター論への展開」が記されて，いずれも執筆担当は玄野博行氏（現：桃山学院大学）である。

ばれてきた。隣接するところが生産地であったため，生地を仕入れて衣服を作ることができたのである。羽島市においては，第二次世界大戦中は軍服に使用するウールの生産が中心であったが，戦後は焼け野原に織機の部品を集め，それらを組み立てて復興にのぞんだといわれている。ここでは多種多様な布地がそろっていたため，いかなる注文にもこたえることが可能であった。やがて世の中が落ち着いてくると，紳士用のオーダーメイドのスーツ，婦人服の服地などの注文から，既製服を発展させていったのである[3]。

次に福井県鯖江市の眼鏡産業を例示する。福井県鯖江市は 1905（明治 38）年から眼鏡を作りはじめたとされている。当時の日本にひろがりつつあった眼鏡を，冬は雪に覆われる気候の鯖江市の冬場の手作業として取り入れたのである。いわば，農業ができない時期の現金収入のための産業であった。この眼鏡づくりのアイデアは当時の鯖江市の議員であった増永五左衛門が奨励したとされている。眼鏡づくりは少ない投資でできることが魅力であったからである。当時の日本において，1914 年頃には軍需景気のため，眼鏡の注文も増加した。また，その 2 年後の 1916（大正 5）年には鯖江市ではじめてレンズが製造された。それまではレンズは輸入にたよっていたのである。やがて，1937 年頃には鯖江市の眼鏡工場が 70 くらいにまで増加したのである。この間に，東京，大阪からも眼鏡職人を呼び，彼らの技術を地域住民が学んでいた。そのかいがあって 1935（昭和 10）年頃には眼鏡の生産量が日本一になったのである。ちなみに 1987（昭和 62）年には市役所にめがね課ができ，その後，1998（平成 10）年まで常設されていた。このように眼鏡は地域を代表とする産業に発展したのである。なお，個別の会社では，たとえばアイテック㈱（以下，アイテックと略記）など，眼鏡枠メッキ事業から工業部品サプライヤーへと最近は事業構造を変革している企業もある。アイテックは眼鏡枠の表面処理加工事業で 7 割のシェアを有している[4]。このように現在では眼鏡に関する事業以外も手がける企業も存在している。

3）山内寿美（2018）「シリーズ地域に根差した繊維産業 6. 岐阜県のアパレル」『繊維製品消費科学』Vol.59, No.11, 10-13 頁を参照。

　このように優れた製品を開発し，それらを軸として周囲に関連企業を配置し，集積することによって，大きな産業へと育てていく方法がとられている。これは産業集積のメリットを最大限にいかしながら，地場産業として発展していく過程である。

　最後に，倉敷のデニム産業を例示する。ジーパンは 1964 年頃から若者に人気が出てきた衣類である。吉村（2019）によると，㈱ビッグジョン（当時はマルオ被服，以降ビッグジョン）が 1965（昭和 40）年にアメリカからデニム生地を輸入し，日本初のジーンズの開発に成功した。その後「CANTON」ブランドで販売していたが，1968（昭和 43）年に「BIG JOHN」として販売，1972（昭和 47）年には倉敷紡績と日本独自のデニム生地を開発した[5]。1970 年代は日本の高度経済成長となり，またカジュアルウェアも若者の中で定着していった。その中でもジーパンは雑誌やテレビでの広告や露出度が高くなり，若者文化の代表格に成長する。そのため，倉敷の工場も拡大され，児島，井原，福山地区にも広がりをみせた。これによって，倉敷・児島地区はデニム・ジーンズの産地として成長を遂げていったのである。だが，1989（平成元）年にビックジョンが中国の南紗工場での生産を開始すると，その他の企業も中国での生産を開始するようになり，日本の生産量が減少していったのである。それでも現在も倉敷，児島，井原，福山の企業が連携し，国産デニム・ジーンズの産地として技術の特性と多様性を活かしながら地区全体でジーンズ生産のプラットホームとして活動している。

　これらの 3 つの事例以外にも産地として産業集積がなされている地域は日本

4）上總康行，中沢孝夫編（2012）『経営革新から地域経済活性化へ』京都大学学術出版会，「第 9 章 眼鏡枠メッキ事業から工業部品サプライヤーへ―アイテックの事例―」219-243 頁を参照。執筆担当は足立洋氏（現：広島県立大学）。

5）吉村恒夫（2019）「シリーズ地域に根差した繊維産業 11. 倉敷・児島地域のデニム産業について」『繊維製品消費科学』Vol.60, No.8, 12-16 頁を参照。そこにはジーンズの産地である倉敷・児島がジーンズに出会う前の歴史も書かれている。たとえば江戸時代では「1770 年ごろこれらの綿を紡いだ丈夫な雲斎織物が売れるようになり，繊維産業が根付いた。この当時，児島で生産される真田紐・小倉帯地は香川県の金比羅山と対岸にある由加大権現の参道で売られ，両参りの参拝者から人気の土産であった」と述べられている。

国内で多く存在している。それらの地域のすべてにおいて，それぞれの発展の歴史と現在の課題がある。

3 商店街を生活者の買い物の拠点として考えた場合

1 個店を集積する商店街

産業集積にメリットがあるように個別の店が集まれば，そこに市場ができ，人々を集客する力となる。この状態を具現化したものが市場であり，商店街である。商店街の形態も最近は多種多様である。たとえば，兵庫県神戸市中央区の北野工房は閉鎖された小学校の建物を使用し，商業施設として再利用した場所である。そこには個店がテナントとして入居しているが，広義の解釈ではこれも商店街のひとつである。

商店街の起源はさだかではないが，720年頃にはその原型があり，定期的に人々が集まって市をたてたと伝えられている。いわゆる楽市・楽座に通じるものである。いずれにしても，人が集まる場所に自然に店舗がつくられ，それらのうち定着するものがしだいに増えて，ある程度の規模になったと考えることができる。それから長い年月がたち，第二次世界大戦によって，焼け野原になった日本では，戦前と同様に商店街が復興してきた。アーケードのある商店街が1950年ごろから出現し，雨の日でも傘をささずに買い物ができるようになった。やがて大型のスーパーマーケットや郊外型の大規模店舗の勢いにおされ，現状としてはシャッターなどが下りたままの店を有する商店街が全国的に多くなる傾向である。商店街としては運営が厳しい状況といえよう。

最近は商店街の中に，人気のタピオカ入りのドリンクを販売する店ができると，その店にだけ行列ができるという。人気の店ができると集客につながり，ついで買いなども増える傾向にあるので，商店街としてはチャンスではあるが，現実的にはある個店だけで商店街を支えるわけにはいかない。たとえ意図がなく自然発生的であったとしても，話題になりそうな店や個性的な店が少しずつ

でも集まってくると，それらの店が商店街の起爆剤になることができる。

2　大学生たちの商店街のイメージ

　商店街にとっては厳しい現状ではあるが，都市のイメージに組み込まれることがある。たとえば天神橋筋商店街は 2.6 キロメートルの日本一長い商店街である。この商店街は大阪の商売，商人というイメージに含まれる。同様に神戸市のイメージの中にも商店街が含まれていた[6]。辻（2014）が商店街のイメージに関する調査について，大学生を対象に実施した結果を図表 2-2 に示した。この表は 2013（平成 25）年 5 月中旬から下旬に関西圏に立地する私立文系大学に所属する大学生たち 500 人を対象としたものである。男女それぞれ 250 人ずつを対象とし，回収率は 72.5％であった。これらの回収した回答から記述ミスを省いたので，有効回答数は女子 170，男子 179 の合計 349 となった。学生をサンプルにすることについては阿部（2013）がその妥当性を述べている。イメージに対する質問項目は図表 2-2 に示したとおり 43 項目とした。これらの質問項目に対して調査対象者である大学生たちは 5 段階尺度で回答した。5 段階の尺度は 1：まったくそのようには思わない（強い否定），2：ややそのようには思わない（弱い否定），3：どちらでもない（中立），4：ややそのように思う（弱い肯定），5：まったくそのように思う（強い肯定）である[7]。

　図表 2-2 内には 5 段階尺度で各々が回答した数字の平均値と SD を示した。SD は標準偏差の略である。数字の横に＊がある質問項目は男女の回答，この場合は平均値に差があると判断されたものである。＊は 5％の有意差がある。無印は有意差がないということである。図表 2-2 を見ると，一番肯定的な意見，

---

6 ）辻幸恵（2014）「商店街における地域ブランド構築―神戸市灘区水道筋商店街の取り組み―」『地域ブランド研究』Vol.9, 1-16 頁参照。

7 ）日本衣料管理協会刊行委員会編（1988）『消費者調査法』日本管理衣料協会，20 頁参照。そこには評定尺度法について説明が次のようになされている。「回答者に感情や意見，態度の強さや経験の豊富さの程度などを答えさせる調査に用いられる方法で，一群の質問項目について，一定の間隔尺度上のどれにあてはまるのかの判断を求めるものである。普通，5 〜 9 段階が適当とされていて，5 段階や 7 段階が答えやすいとされている。」

図表 2-2　商店街に対する大学生の抱くイメージ

n=349

質問項目	男子（SD）	女子（SD）	質問項目	男子（SD）	女子（SD）
暗いイメージがある	3.7 (0.9)	3.6 (0.8)	飲食店が多い	2.4 (0.7)	2.3 (0.7)
シャッターが閉まっている	3.7 (0.8)	3.5 (0.7)	喫茶店が多い	2.8 (0.8)	3.0 (0.8)
自転車が多い	3.2 (0.7)	3.3 (0.9)	クリーニング店がある	3.5 (0.5)	3.3 (0.6)
下品な感じがする	3.1 (0.7)	3.2 (0.8)	花屋がある	3.4 (0.9)	3.6 (0.7)
顧客が高齢者である	3.8 (0.4)	3.6 (0.5)	イベントがある	3.4 (0.7)	3.3 (0.6)
品物の値段が安い	3.5 (0.6)	3.6 (0.5)	歳末大売出しがある	4.0 (0.3)	4.1 (0.2)
元気な感じがある	2.8 (0.5)	3.0 (0.5)	正月が休み	3.5 (1.0)	3.8 (1.0)
アーケードがある	4.3 (0.4)	4.2 (0.5)	休憩所がある	2.9 (0.8)	3.1 (0.8)
新鮮な野菜がある	3.5 (0.8)	3.6 (0.7)	ケーキ屋がある	3.4 (0.6)	3.5 (0.6)
洋装店がある	2.7 (0.7)	2.8 (0.8)	楽しい感じがする	2.1 (0.6)	2.8 (0.6)
レトロな感じがする	4.0 (0.2)	4.0 (0.3)	さびしい感じがする	3.8 (0.5)	3.6 (0.5)
古い	4.0 (0.3)	4.0 (0.3)	危険な感じがする	1.6 (0.9)	1.8 (0.7)
さびれている感じがする	3.4 (0.4)	3.3 (0.7)	治安が悪い	2.0 (0.7)	2.2 (0.7)
にぎやかな感じがする	2.1 (0.7)	2.3 (0.8)	商品の品質が悪い	3.6 (0.8)	3.4 (0.6)
飲み屋がある	3.8 (0.6)	3.1 (0.8) *	店頭が暗い	3.3 (0.6)	3.4 (0.5)
整然としている	2.8 (0.5)	2.6 (0.5)	派手な感じがする	1.9 (0.6)	2.1 (0.7)
歴史を感じる	3.7 (0.6)	3.8 (0.5)	看板が多い	3.6 (0.4)	3.4 (0.4)
女性が多い	3.8 (0.4)	3.2 (0.4) *	店主が親切	3.6 (0.5)	3.8 (0.4)
電飾されている	2.8 (1.1)	3.1 (1.1)	あたたかい雰囲気	3.0 (1.0)	3.1 (1.0)
店が小さい	4.0 (0.3)	3.9 (0.2)	顔見知りが多い	4.0 (0.5)	3.8 (0.4)
ドラッグストアがある	3.9 (0.2)	3.9 (0.2)	近代的である	1.7 (0.7)	1.8 (0.8)
			モダンである	1.6 (0.7)	1.8 (0.6)

注）小数点以下第2位を四捨五入している
出典：辻幸恵（2014）「商店街における地域ブランド構築―神戸市灘区水道筋商店街の取り組み―」『地域ブランド研究』Vol.9, 5-6頁の表1 神戸の商店街に対する学生のイメージである。この表を筆者が2段に分けて表示した。

　つまり多くの大学生たちがそのように思ったイメージは，「アーケードがある」であった。5段階尺度で平均値が男子4.3，女子4.2で非常に高い数値となった。また，標準偏差の数値が小さいことからばらつきが小さく，多くの学生たちが同じことを思っていることがわかる。次に多かったイメージは「レトロな感じがする」「古い」「歳末大売出しがある」でいずれも平均値が4.0以上であった。このようなイメージはテレビドラマや映画の影響を受けていると考えられる。実際に商店街に行き，歳末大売出しを経験した学生は全体の約20％で，多くの学生は経験していないのである。一方，イメージがないものは「洋装店があ

る」「整然としている」「飲食店が多い」「喫茶店が多い」「楽しい感じがする」「危険な感じがする」「治安が悪い」「派手な感じがする」「近代的である」「モダンである」が3.0未満の平均値を有する質問項目であった。これを分類するとイメージがある反対語として「近代的」「モダン」「派手」があげられる。これらは，「レトロ」や「古い」というイメージの対のようなものである。次に，商店街に行った経験がないので，飲食店や喫茶店，洋装店があるかと問われてもイメージにはないのである。これらは経験がないゆえの回答といえよう。また，同様に楽しいか楽しくないかも経験がないために，否定的な回答になっていると考えられる。ただし，大学生たちは商店街を危険な場所や治安が悪い場所だとは思っていない。

　この調査から得られた数値を元にして，バリマックス回転を用いた主因子法による因子分析を実施した。芝（1979）は因子分析モデルの特徴のひとつとして，もとのデータ行列に含まれる変動のうち共通因子による変動分を分離することをあげている。そして，これを説明する因子構造を明らかにするのである[8]。ここでは因子分析結果のみを図表2-3に示した。

　図表2-3に示したように大学生たちは商店街に対して「レトロ」「マーケティング」「設備」「人情」の4つの因子のイメージを有していることがわかった。

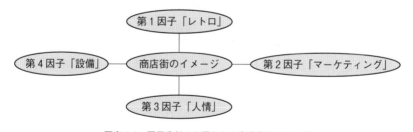

図表2-3　因子分析から得られた商店街のイメージ

出典：辻幸恵（2014）「商店街における地域ブランド構築―神戸市灘区水道筋商店街の取り組み―」『地域ブランド研究』Vol.9, 8頁の図3分析結果：商店街イメージを構成する4つの因子

8）芝裕順（1979）『因子分析法（第2版）』東京大学出版会を参考にした。因子分析は多変量解析の中のひとつの手法である。マーケティング分野，心理学分野をはじめ多くの分野で使用されている。

第1因子の「レトロ」の因子を構成している項目は「レトロな感じがする」「古い」「歴史を感じる」などで懐古主義がうかがえる。第2因子の「マーケティング」を構成している項目は「歳末大売出しがある」「イベントがある」「品物の値段が安い」「看板が多い」などで商売の工夫や集客を連想させる。第3因子の「人情」を構成している項目は「顔見知りが多い」「店主が親切」「あたたかい雰囲気」などで人のふれあいを意味している。第4因子の「設備」を構成している項目は「アーケードがある」「休憩所がある」などで商業施設としての面を想起させている。

3　商店街の変化

　先に述べたように，商店街内にはシャッターが下りたままの店舗が見受けられ，決して楽観できない状態にある。商店街そのものも構成店舗が変化している。商店街では個人の店が多いが，ドラッグストアなどを中心にチェーン店やコンビニエンスストアも目立つようになってきている。来店者も地元の住民ばかりではなく，外部の人々や観光客などの変化が見られる。たとえば京都の錦市場や大阪の黒門市場などは観光スポットとして有名である。ここでは地元の人々と観光客との両方でにぎわっているのである。観光客の訪問が多くなってきた理由は京都や奈良にある有名な神社仏閣や富士山のように日本のシンボル的な場所から，日本の日常的なところへの旅を希望する海外の人々が増えたことによる現象である。つまり，観光スポットではない所での日本らしさを体験したいと希望する旅行者が増加したのである。観光客という，海外からの顧客の視点から見た商店街はどのような魅力が感じられるのであろうか。

　そこで，観光客ではないが留学生と日本人大学生を対象として，2019（平成31）年4月上旬から中旬にかけて調査を行った結果を示す[9]。留学生の感性が，観光客の感性を考えるうえで参考になると考えたからである。また，比較する

9）関西圏に立地する3つの私立の共学大学で文系学部である経営学部，現代社会学部，経済学部に在籍している女子大学生1年生から4年生を対象とし，2019（平成31）年4月に調査を実施した。留学生もそれぞれ3つの大学に在籍している者から選択した。

ために留学生たちと年齢が近い日本人大学生を調査対象とした。調査対象者は姫路市，明石市，加古川市，三木市，三田市，神戸市，芦屋市，西宮市，尼崎市，大阪市，東大阪市，京都市に住んでいる日本人女子大学生 100 人と日本人男子大学生 100 人の合計 200 人と留学生女子 20 人，留学生男子 20 人の合計40 人であった。回収率は日本人が 80.5％で 161 人から回答があった。留学生は全員から回答を得た。留学生の場合，日本語の質問紙を配布したが，わからないところは主催者に質問ができるようにした。これによって，日本語を間違えて解釈することは防いでいる。

　調査対象は日本人も留学生もいずれも関西圏に立地している私立文系大学に在籍している。留学生の国籍は中国，ベトナム，韓国，タイ，フィリピンの 5カ国でそのうち半数の 20 人は中国からの留学生であった。彼らの平均年齢は22 歳なので，日本人の 4 年生と同じくらいの年齢である。調査対象になった留学生たちは関西圏に住んでいる。彼らがどの程度，商店街を知っているのか，あるいは利用しているのかを尋ねてみた。なお，この調査自体は商店街の調査ではなく，彼らが土産にする商品に対する調査であるので，商店街のことを尋ねたのは一部に過ぎない。

　商店街に対する留学生と日本人学生たちを対象とした結果を図表 2-4 に示した。質問項目に対する回答では「知っている」，あるいは「経験がある」などの肯定的な回答を％で表示している。なお，留学生たちにも学生たちにも商店街の定義としては主催側から「小売店，飲食店あるいはサービス業を営む事業所（お店）が近接して立地しており，約 30 店舗以上あるような場所で通常はビルではない」と説明した。ただし，ショッピングモールを想起する者が含まれている可能性は残る。

　図表 2-4 を見ると商店街という言葉については，日本人の学生は 100％，留学生でも 62.5％の者が知っていた。しかし，具体的な商店街の場所を知っているのは日本人が多く，留学生は 35％しか知らないということがわかった。具体的な場所がわからないということは，日々の買い物を商店街に行っている留学生が少ないということである。市場との相違については日本人でも 25.5％し

図表 2-4　調査対象者の商店街に対する認知状況

日本人：161 人，留学生：40 人，単位：％

質問項目	日本人学生	留学生
商店街という言葉	100.0	62.5
具体的な場所	93.2	35.0
市場との相違点	25.5	5.0
行った経験（有無）	60.0	40.0
魅力的な商品がある	36.0	50.0

注）小数点以下第 3 位を四捨五入した　　　　　（筆者作成）

か知らず，留学生においてはほとんど知らないということになる。ただし，留学生の中でも 40％は何らかのときに商店街に行ったことはあると回答していた。この回答には，商店街を通っただけでも「行った」の方にカウントしている。魅力的な商品があると回答したのは，留学生の方が多く，50％以上が何かしら魅力を感じる品物を見つけていることがわかる。

　海外からの観光客を含め観光客が商店街にくることは珍しいことではない。地元の人々の日常生活を守りながら，いわゆる地元ではないソトからの顧客への対応も今後は必要になる。その時に決済システム，周辺地図，案内表示，外国語への対応などの具体的な対応ができる準備が必要である。

4　地域の差別化戦略

1　ゆるキャラの活用

　キャラクターやそれらの商品についての詳細は別章にあるので，ここでは地域と密着しているゆるキャラの活用例だけを示す。ゆるキャラは地域に密着し，地域を宣伝するために製作されることが多い。有名な「くまモン」は熊本のゆるキャラである。2011（平成 23）年 3 月に九州新幹線が鹿児島まで延長されたときに，熊本をアピールする目的で作られた。「ひこにゃん」は彦根城に住む猫として彦根をアピールしている。このように，ゆるキャラのモチーフには，その土地のゆかりの歴史上の人物や伝説の人物，あるいはその土地の名産品，

ゆかりの神社仏閣の神話の登場人物，動物などが多い。

　キャラクター商品の普及としては，日本人女子大学生たちの 100 人中 45.0％，女子留学生たちは 40 人中 35.0％が所持していたという調査結果がある[10]。その中でも人気があるものはアニメキャラクターとゆるキャラの関連商品である。彼らが所持している商品の多くは文具であった。具体的にはファイル，シャープペンシル，ボールペン，消しゴム，手帳，ノート，筆箱，はさみ，のり，テープである。その他にはカレンダー，袋，鞄，傘，Tシャツ，マフラー，手袋，弁当箱，時計，アクセサリー，カップ，皿があげられた。

　図表 2-5 に示したように，地域に由来している事物の中からモチーフを選択し，それをゆるキャラとして製作する。また着ぐるみを作ればイベントにも参加できる。製作したゆるキャラの関連グッズは日常的に使用できるものの方が販売チャンスは多い。図表 2-5 には日用品の例示として文具やキッチン用品を，嗜好品の例示としてアクセサリーと時計を，土産品の例示として菓子，衣類をそれぞれあげている。これらはすべて例なので，これら以外にも小物やインテリアなども製作できる。これらの品物を購入する対象として女子大学生，留学生，旅行者を例示した。もちろん，彼ら以外でも購入対象者となる。彼らが購入したグッズを所持することによって，彼ら以外の周囲の人々にもゆるキャラを製作した地域の特徴を知ってもらうことが可能になる。ゆるキャラグッズはそれ自体がその地域の広告になるのである。

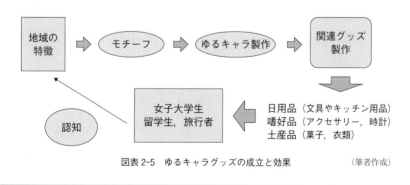

図表 2-5　ゆるキャラグッズの成立と効果　　　　　（筆者作成）

10）24 頁，注 9）参照

さて，日本では毎年，ゆるキャラグランプリという全国大会が開催されるが，年々，登録数が増えている。そのグランプリで優勝した群馬県の「ぐんまちゃん」は，群馬県の土産品にその姿がパッケージとして印刷され，イベントへの参加も積極的である。ゆるキャラグランプリに優勝すると知名度があがり，地域の名前も売り出すことにつながる。いわば地域を他の地域と区別するための目印のような役割をゆるキャラたちは担っているのである。

2　観光・土産として考えた場合

　ゆるキャラをパッケージに採用するだけではなく，土産そのものを開発することも地域経済を活性化し，広告するためのツールである。古くはその土地でできる作物（野菜やくだもの）がその土地を代表していた。たとえば，岡山の桃やマスカットは岡山県を代表する土産である。和歌山県のみかん，香川県のうどん，兵庫県淡路島の玉ねぎもそれぞれの県の代表格である。また，みかんや玉ねぎそのものではなく，それらを加工したスープ，調味料，飲料，菓子も同様に，それぞれの県を想起させる土産である。また，神戸市が洋菓子のイメージ，京都市が和菓子のイメージを持つように都市のイメージによって生み出される土産も存在する。これらをまとめたものが図表2-6である。

　図表2-6に示したように地域の特産物や施設（神社仏閣，場合によっては庭園や港や公園などを含む）などを認知度の高低で分けた場合，その後の戦略が異なる。すでに認知度が高い場合はそれによって地域名が思い浮かび，イメージがわいてくる。さらにそのイメージを強くするためにブランド化を進め，他と

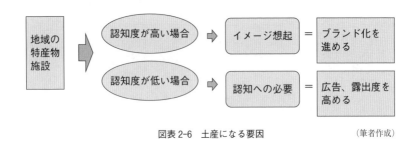

図表 2-6　土産になる要因　　　　　　　　　　　（筆者作成）

の差別化をはかることができる。認知度が低い場合は，まずは認知度を高める必要性がある。そのためには広告をして，露出度を高めることからはじめなければならない。知らないものにイメージはわかないからである。

　日本のようにあまり大きな国土を持たない国は地域ごとの特産物といっても，気候の変化や地形の変化が大きくはないので，隣接していなくても，同じような産物ができる可能性は高い。そのような中で，それぞれの県や地域が特徴を出していくためには，産物にどのような加工をほどこし，付加価値をつけていくのかがイメージづくりのポイントになる。

3　地域の見直しと掘り起こし

　地域で生活していれば，普段の見慣れた風景に特別に心が動くことは少ない。たとえば，山のない地域に住んでいる人々から見た山がすばらしい景色にうつるように，そこで生活している人々の視点と他所から来た人々との視点は異なる。その地域の人々の当たり前が，来訪者には当たり前ではないのである。現在，多くの外国からの観光客が，リピーターとして日本を訪れている。その中には日本人も知らないような場所を観光している人々もいる。特に観光施設がなくても，その場所のすばらしさに惹かれてやってきているのである。その地域に住みながら，地域を見直すことは困難かもしれないが，他人の目で見た場合，新たな地域の魅力を発見することになる。ニュースにもなったが，廃校を利用した商業施設や水族館は観光客を誘致するためのひとつの場所になる。地域の人々には懐かしい場所であり，他所からの訪問者にとっては，工夫された新しい場所なのである。食べ物も同じである。その地域の人々にとっては日常的な食事であっても，その土地で収穫されたものは他所からの訪問者にとっては珍しいものである。また，祖父母の時代にはあった風習の再現も地域の財産の掘り起こしに含まれる。地域の人々にとっては日々の食材を購入する市場や商店街も，時としては観光スポットになることがある。実際に京都の錦市場や大阪の黒門市場などいくつかの商店街は外国からの観光客の来訪が多い。地域にはその土地の由来や風習，言い伝えがある。それらを現存する施設や自然と

結びつけることも地域活性化の役に立つのである。

【参考文献】

東伸一, 梅村修, 玄野博行, 辻幸恵（2007）『消費社会とマーケティング』嵯峨野書院

荒木長照, 辻本法子, 田口順等, 朝田康禎（2017）『地域活性化のための観光みやげマーケティング—熊本のケーススタディ—』大阪公立大学共同出版会

阿部周造（2013）『消費者行動研究と方法』千倉書房

石原武政, 石井淳蔵（1992）『街づくりのマーケティング』日本経済新聞社

伊丹敬之, 松島茂, 橘川武郎（1998）『産業集積の本質』有斐閣

太田修治, 中島克己編著（2002）『神戸都市学を考える—学際的アプローチ—』ミネルヴァ書房

上總康行, 中沢孝夫編（2012）『経営革新から地域経済活性化へ』京都大学学術出版会

芸術工学会地域デザイン史特設委員会編（2016）『日本・地域・デザイン史Ⅱ』美学出版

芝裕順（1979）『因子分析法（第2版）』東京大学出版会

杉村暢二（1989）『都市商業調査法』大明堂

田中道雄, 田村公一編著（2007）『現代のマーケティング』中央経済社

田中道雄, テイラー雅子, 和田聡子編著（2017）『シティプロモーション—地域創生とまちづくり—』同文舘出版

辻幸恵（2014）「商店街における地域ブランド構築—神戸市灘区水道筋商店街の取り組み—」『地域ブランド研究』Vol.9, pp.1-16

永沢越郎訳（1986）『産業と商業』岩波ブックセンター信山社, 原書は Marshall, A. (1919) "Industry and Trade". Macmillan and Co.: London.

日本衣料管理協会刊行委員会編（1988）『消費者調査法』日本管理衣料協会

日本繊維製品消費科学会編（2000）『わたしにもできる消費者の情報調査』弘学出版

山内寿美（2018）「シリーズ地域に根差した繊維産業6. 岐阜県のアパレル産業」『繊維製品消費科学』Vol.59, No.10, pp10-13

吉村恒夫（2019）「シリーズ地域に根差した繊維産業11. 倉敷・児島地域のデニム産業について」『繊維製品消費科学』Vol.60, No.8, pp.12-16

第3章　ギフト・マーケティング

1 ギフトの効用

　ギフトは購入者が実際に消費をする使用者ではないというところに特徴がある。ここではバレンタイン・ギフトとクリスマスのスイーツ・ギフトを例示し，そこにあるニーズは何かについて述べる。本章では，最初にバレンタイン市場を中心に，ギフトに対する顧客心理の変化を分析する。そこからチョコレートに限らず，多くの食品がギフトとしてバレンタインデーに使用される現状をふまえ，どのような食品がギフトとして顧客に受け入れられているのかを解明する。次にクリスマス・ギフトについて述べる。このギフトはバレンタイン・ギフトとは対象が異なる。日本ではギフトされる対象が子供や家族であったが，対象が拡大したところに市場の多様性が見出せる。いずれにしても，この章では顧客満足と顧客心理を中心にギフトを考える。

　さて，ギフトに関しては，文化的な意味だけではなく，マーケティング的に考察することが可能である。これは南（1998）がすでに贈答に対する市場の中で述べている。いかなる商品でも購入者が自身で使用せずに，他者に渡せばギフトになるが，そこには他者との人間的な関係性が含まれている。ギフトは時には他者とのコミュニケーションを円滑にするツールにもなる。あるいは気持ちを示すシンボルにもなる。

2	バレンタイン・ギフト

1 概　　要

　贈答の習慣はどこの国でも存在する。桜井（2011）は「日本の贈与は義務感にもとづいてなされる傾向が強いといわれる」と指摘する[1]。日本のバレンタインデーでは「義理チョコ」と呼ばれるものが存在し，それは上司や先輩という主に目上の人々に渡す「義務感」が存在するギフトである。2月14日のバレンタインデーにチョコレートを贈答するという形式は，日本の菓子メーカーが売上向上のために仕掛けたイベントが発祥だといわれている[2]。他国でも贈り物はするが品物をチョコレートに限定していない。日本においても最近はチョコレート以外の品物を選択することが増えており，2月14日が近づいてくるとバレンタイン商戦と呼ばれるように，様々な種類の商品がギフト用として店頭に並び，インターネットでも紹介されている。

　山田（2007）は日本型バレンタインの特徴を「チョコレートを贈る」「女性から男性に贈る」「女性から男性へ愛の告白をする日だという認識である」という。たが，現在は女性から女性へ渡す「友チョコ」[3]や自分自身が食するために購入する「ごほうびチョコ」もある[4]。愛の告白の日というよりも，愛をテー

---

1) 本文のつづきは「これは贈与というものが一般的にもちあわせている性質ではあるけれども，日本の贈与にはとりわけその側面が強くあらわれるというのである」となっている。桜井英治（2011）『贈与の歴史学─儀礼と経済のあいだ─』中央公論新社，ⅱ頁引用。
2) バレンタインデー，2月14日にギフトを女性から男性にするようになった。これは戦後に流通業界や製菓業界の販売促進によって普及され，チョコレートが主流のギフト商品になった。チョコレートをギフトとして提唱したのは㈱メリーチョコレートカムパニーの原邦生という説もあるが，神戸のモロゾフ製菓㈱がすでに1936（昭和11）年2月12日に英字新聞『ザ・ジャパン・アドバタイザー』に，「あなたのバレンタイン（＝愛しい方）にチョコレートを贈りましょう」というコピーの広告を掲載していた。
3) 友チョコとは，女性から女性にチョコレートをギフトする行為のことである。友達にギフトすることから友チョコといわれている。
4) ごほうびチョコとは，普段は購入しない高額なチョコレートを自分が食するために購入することである。頑張っている自分へのごほうびという意味からごほうびチョコと名づけられたといわれている。

32

マに身近な人々への感謝の気持ちを表現する日としてとらえられている。また，バレンタインデーには，チョコレートだけではなく，様々な商品がギフトとして使用されるようになり，バレンタインデーに向けて，顧客心理をつかんだ商品が，その年のバレンタインにおける流行になるのである。

　バレンタインのギフトに着目した理由は，①年中行事として固定されており，チョコレートには限定されないが，多くの場合において食品がよく売れるイベントである。②顧客の心理状態によって流行が生まれ，売り上げが左右されるとともに，新しい商品が認知され，市場が拡大する傾向が生じる。③企業にとっても，バレンタインに消費者が期待する商品を提案できれば一気に知名度を上げるチャンスがある。このように流行を生み出す可能性を秘めた市場として着目したのである。

　新しい商品の提案をしなければ消費者に飽きられるリスクがある。もちろん，提案した商品のすべてが消費者に受け入れられるとは限らないし，すぐに理解してもらえて，価値がわかってもらえる商品ばかりではない。商品発売にはタイミングも必要で，商品そのものはすばらしい特徴を備えていたとしても，時流にあわなければ購入してもらえない。

　さて，バレンタインギフトの主役は顧客の中でも女性である。最近は男性がチョコレートを購入することも珍しくはないが，女性の購買力に比べると歴然とした差がある。女性は価格だけではなく，流行に対しても敏感である。流行は「①流れゆくこと。②急に或る現象が世間一般にゆきわたること。」と説明されている。さらに「③衣服・化粧・思想などの様式が一時的にひろく行われること。はやり」と説明されている[5]。流行は衣食住の中のあらゆる商品にあらわれるが，バレンタインのギフトには毎年，特に食にかかわる新製品が発売され，その年の流行が見られる。このようにバレンタイン市場を分析することは，流行をとらえる実例を知ることにつながる。また女性の心理と購買状況を知る糸口になるのである。最近は，経験を消費とみなすコト消費も多く，バレ

5）新村出編（2018）『広辞苑　第7版』岩波書店，3086頁引用。

ンタインの日に外食をし，イベントに参加することも行われている。

2　商品を取り巻く環境要因

ここで，どのような要因がバレンタインの商品を取り巻いているのかを図表3-1にまとめた。図表3-1では商品をチョコレート菓子と想定している。取り巻く環境を図表3-1のように6つ（A～F）にまとめた．以下にA～Fまでのグループの代表例や特徴を述べる。

A：見た目に関しては，世の中で普及しているインスタ映えがする画像と同じく，いつの時代であってもギフトには欠かせない要素である。

B：ブランドに関しても従来のとおり，有名なメーカーのものや人気のパティシエがプロデュースしたものは特別感や高級感を抱く消費者が多い。

C：食品としての特徴では素材，味，分量をあげた。分量とはたとえばチョコレートであれば，カカオの割合が70%，ナッツの割合が10%という素材の割合や，1袋に何グラム程度の量が入っているのかということを指している。

D：マーケティング的要素に関してはマーケティングの基本である4P（Product, Price, Promotion, Place）の政策[6]のうち，Placeである流通政策をのぞいた3つの要因をあげた。特にPromotionでは広告を主な要因としてとらえた。またPlaceは流通ではなく，ここでは売り場としてとらえた。

E：流行はその時に多く出回っている食品などとの比較や人々が商品に抱く感性についての要因である。

F：経済状況は景気の動向とした。その時に好景気か不景気かはバレンタインのようなイベントやギフトにかける費用に影響があるからである。

ここで図表3-1内の環境要因をグループに分けると，A：見た目，B：ブラ

---

6) 滋野英憲，辻幸恵，松田優（2018）『マーケティング講義ノート』白桃書房，9頁引用。本文のつづきとして「マーケティング活動を分析する視点として，それぞれの機能の頭文字をまとめて，マーケティングの4Psと呼ばれ現在も分析の視点として重要なとらえ方とされている」と説明されている。

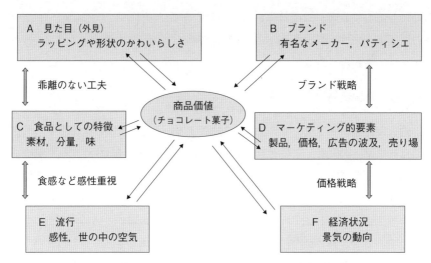

図表 3-1　バレンタインギフト（商品）を取り巻く環境要因

出典：辻幸恵（2018）「バレンタイン市場における顧客心理の変化―チョコレートを中心にした一考察―」『食品加工技術』Vol.38, No.2, 36 頁，図 1 バレンタインギフト（商品）を取り巻く環境要因に加筆

ンド，E：流行の 3 つの要因は消費者の心理的要因となる。C：食品としての特徴と D：マーケティング的要素の 2 つは企業戦略の要因となる。F：経済状況は社会的要因となる。これらの 3 つの背景がそれぞれ関連しながら，バレンタインというイベントの商品売上を左右している。たとえば C：食品としての特徴である味についていえば，それを何の味にするかという決定は，E：流行にも関係している。たとえば，バナナが流行しているのであれば，それを取り入れてバナナ味のチョコレートをつくったり，ケーキをバナナ味にするという決定もなされる。もしも，いちごが流行していれば，いちご味のチョコレートを製品として消費者に提供することも考えられる。あるいは，消費者に本物志向が強ければ，カカオの含有量を多くした商品を開発することも考えられる。健康志向が強ければ，血圧を下げ，血流をうながすような効果があるといわれているナッツやビタミンを多く含んだ果実を入れることも考えられる。好景気であれば（F経済状況）カカオの分量を増やし，金箔を入れて高額な商品になっ

たとしても消費者には受け入れられるのである。いずれにしても A ～ F まで
の要因は互いに影響があるので，単体での戦略というよりもマーケティング・
ミックスされた戦略である。

3 過去の調査結果との比較

　過去の調査結果と現在の調査結果を比較する。対象者は女子大学生で，居住
地は兵庫県，大阪府，京都府のいずれかである。調査方法はすべて集合調査法
である。集合調査法は「対象者に特定の場所に集まってもらい，そこで質問紙
を配布して記入してもらう」方法で[7]，記入された質問紙はその場で回収した。
この方法のメリットは，わからないことがあればその場で主催者に質問できる
ことである。対象者が内容に関して曖昧なまま回答することを防ぐことができ
る。デメリットは集まる場所を提供すること，主催者が過剰に説明をすると回
答を誘導することになることである。調査年は 1999 年，2007 年，2014 年，
2018 年である。いずれの年も 1 年生が含まれていないのは高校生までの感覚
とは異なる大学生の心理を分析する目的のためである。図表 3-2 に各年の調査
対象者数と回収率を示した。

　次に，購入金額に対する回答を図表 3-3 に示した。1999 年と 2007 年ではボ
リュームゾーンが 1000 円以上 1999 円以下であったが，2014 年と 2018 年はそ

図表 3-2　各年の調査対象者数と回収率

調査時期	1999 年	2007 年	2014 年	2018 年
対象	2 ～ 3 生	2 ～ 4 生	2 年生	2 ～ 3 生
対象人数	500 人	880 人	200 人	300 人
回収率	60.2%（301 人）	91.0%（801 人）	100%（200 人）	86.0%（258 人）

出典：辻幸恵（2018）「バレンタイン市場における顧客心理の変化—チョコレートを中心にした
　　　一考察—」『食品加工技術』Vol.38, No.2, 37 頁，表 1 各年の調査対象者数と回収率を引用。

---

7)　儘田徹（2012）『はじめて学ぶ　社会調査—リサーチ・マインドを磨く 8 つのレクチャー』慶応義
　　塾大学出版会，29 頁引用。集合調査法はかかるコストや時間が少なく，調査員の質の問題もない効
　　率的な調査方法のひとつである。また，質問数が少し多めになったとしても多くの場合は室内で実
　　施するので回答してもらえる可能性が高い。

図表 3-3　購入金額の比較

単位：%

金額（円）	1999 年	2007 年	2014 年	2018 年
0 〜 500	9.0	12.4	17.2	19.0
500 〜 999	16.1	9.7	28.9	21.7
1000 〜 1999	57.1	33.6	18.4	16.8
2000 〜 2999	8.4	31.2	22.9	25.3
3000 〜	9.4	13.1	12.6	17.1

出典：辻幸恵（2018）「バレンタイン市場における顧客心理の変化—チョコレートを中心にした一考察—」『食品加工技術』Vol.38, No.2, 37 頁，表 2 購入金額の比較を引用。

の価格帯ではなくなった。2014 年は 500 円以上 999 円以下がボリュームゾーンとなり，2018 年は 2000 円以上 2999 円以下がボリュームゾーンとなった。なお，1999 年と 2007 年の調査の比較結果については，日本繊維製品消費科学会の 2007 年年次大会（2007 年 6 月 16 日・17 日，会場：大妻女子大学）において，辻が口頭発表を行った[8]。

　手作りの場合は素材の購入金額の合計額とした。また，複数購入した場合は両方の価格帯を選択し，平均値にはしなかった。よって個数合計は調査対象者数をこえている。

　1999 年は同調志向の時代と呼ばれ，全体に中流意識の時代の名残がある頃である。500 円以上 999 円以下と 1000 円以上 1999 円以下の価格帯にボリュームゾーンがある。1000 円以上 1999 円が 57.1％を占めて多かったことが特徴である。

　2007 年はエコ生活や従来の生活を見直す時代であったが，価値に対する考え方が多様化した時代でもあった。つまり古いものだから悪い，新製品だから良いという単純な価値判断ではなく，安い商品の中にも価値を見出し，見栄ではなく高額なものも消費者が受け入れる時代であった。よって，贅沢ではないが品質のしっかりしたチョコレートに人気が集まり，価格帯は 1000 円以上 1999 円以下が 33.6％と最も多くなった。次に 2000 円以上 2999 円以下が

8）日本繊維製品消費科学会の 2007 年年次大会・研究発表要旨 121-122 頁に口頭発表内容の要旨が掲載されている。1999（平成 11）年には男女共にバレンタインに関する調査を実施した。

31.2％と他の年よりも多くなっている。

　2010年からは健康志向がはじまるとともに，若者には貯蓄志向も強くなってきた。不要なものは買わない嫌消費という現象も取り上げられた。松井（2012）は若者たちが購買に消極的になってきた現象を「嫌消費」と名づけたのである。

　2018年は2014年に似ているが，再び高額なものがシニア層に受け入れられはじめた。価格についてはボリュームゾーンと呼べる価格帯がなくなり，どの価格帯の商品も売れている傾向がみられた。用途に応じて購入しているためか，あるいは，価格に見合った価値を求めているかということが原因として考えられる。

　次に女性がバレンタイン時にギフトとして購入した個数を図表3-4にまとめた。図表3-4内の最下段の「ごほうび」というのは自分に対する褒美という意味で，自分で購入したものを自分が食べるというチョコレートの数である。1999年はごほうびの平均個数が1.1個であるが，これはごほうびというよりもむしろ，どのような味なのかを試食するために購入したという理由が一番多かった。これに対して2018年は試食というよりも，ごほうびチョコという言葉のとおり，自分が好むものを他人へのギフトとは別に購入していた。

　図表3-4でわかるように義理用のチョコレートの購入個数は1999年よりも2018年の方が平均4.5個から平均2.5個に減った。これは義理で渡すという感覚が少なくなってきたからである。会社の上司に渡すことが日常的であった1999年頃とは異なり，2018年は義理でチョコレートを配ることが減少した。

図表3-4　購入の平均個数の比較

単位：個

用途	1999年	2007年	2014年	2018年
義理用	4.5	3.2	3.4	2.5
本命用	1.3	1.2	1.1	0.8
友チョコ	0.8	1.4	2.8	3.2
ごほうび	1.1	1.2	1.8	1.9

出典：辻幸恵（2018）「バレンタイン市場における顧客心理の変化―チョコレートを中心にした一考察―」『食品加工技術』Vol.38, No.2, 38頁，表3 購入の平均個数の比較を引用。

感謝の気持ちがなくなったわけではないが，配りたくはないのに周囲が配るから配るということが減少し，義理あるいは感謝の気持ちで渡す場合は複数人数で購入して1個を渡すという方法にシフトしているため個数が減ったと考えられる。また，本命チョコが2018年には1.0個を下回った理由は，本命にはチョコレート以外の商品をあげたいからである。一方，近年は友チョコの増加が目立った。チョコレートを同性に贈ることによって話題を盛り上げ，お土産感覚で交換するからである。同様に，ごほうびチョコも増加傾向にある。

　さらに，消費者が何を重視したのかを4年間で比較したものを図表3-5に示した。図の見方は横軸に重視した4つの項目である「見た目」，「ブランド」，「作り手」，「流行」を並べた。それぞれの項目内には棒グラフとして％が示されている。つまり縦軸は全体の％である。項目内の左から1999年，2007年，2014年，2018年と並んでいる。「見た目」とはパッケージを含めて，見た時の印象である。「ブランド」とはそのチョコレートがどのメーカーのものかがわかることである。「作り手」とは手作りしたものかどうかのこだわりを示す。「流行」とは文字どおり，世の中ではやっているか否かである。

　図表3-5に示したとおり，「見た目」は商品のパッケージだけではなく，ラッピングの状況までを含んでいる。インスタ映えを気にする若者の増加とともに，

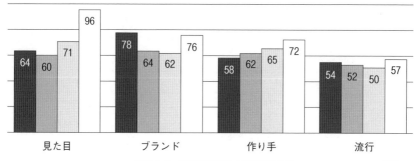

図表3-5　消費者の重視する要因の変化　　　　単位：％

出典：辻幸恵（2018）「バレンタイン市場における顧客心理の変化—チョコレートを中心にした一考察—」『食品加工技術』Vol.38, No.2, 38頁, 図2消費者の重視する要因の変化を引用。

2018年では96％が重視するという結果となった。ブランドに関しては1999年がもっとも多く78％の女性が重視していた。

1999年の頃はブランド志向が顕著なためチョコレート購入にもブランドを意識していたと考えられる。一時は重視度が下がったが，2018年には再びブランドが重視されるようになった。これはゴディバなどの有名ないわゆるブランドであるチョコレートメーカーが日本に売り場を確保し，海外有名ブランドのチョコレートが手に入りやすくなったことも原因として考えられる。

「作り手」は自分で作ることにこだわりはあるのかと尋ねた項目である。しかし回答の中には有名なパティシエだけでなくメーカーのブランドも含まれている可能性がある。

「流行」はその時に流行っているバレンタインギフトの商品を選択することを重視しているか否かであるが，これはすべての年で50％以上の女性が重視していると回答している。よって，バレンタインギフトはその時の流行を無視しているものではなく，少なくとも半数の女性たちは流行を重視しているという結果であった。メーカーとしては，流行にそぐうような商品をいかに提案ができるのかというところが，人気を集めるポイントのひとつになる。

4　顧客の特徴と商品の魅力

1　顧客の種類と特徴

消費者の中で製品を購入してくれる人々を顧客と呼ぶ。顧客を分類すると，ひいき客，得意客，顧客，お客，見込み客，潜在客の6つに分類できると言われている[9]。潜在客については，バレンタインイベントは知っているがその年には購入しなかった女性が，次の年にはバレンタインギフトを購入する可能性を秘めている状態をいう。ひいき客と得意客は何十年にも渡ってバレンタインギフトを購入し続けている女性に当てはまる。顧客とお客はまだ年数は長くは

9）辻幸恵，田中健一（2004）『流行とブランド—男子大学生の流行分析とブランド視点—』白桃書房，97頁引用。これらの顧客の種類は「顧客満足の対象となっていたのはこの顧客の層である」とされ，分類の根底には顧客満足という基準があることを示している。

ないかもしれないが，最近，必ずバレンタインギフトを購入してくれる女性で
あるといえよう。

　チョコレートに限定して考えると，ひいき客とは特定メーカーの特定のチョ
コレート菓子を必ずバレンタインギフトとして毎年，購入してくれる女性のこ
とである。得意客も特定のメーカーのチョコレート菓子を選択して購入してく
れる女性である。顧客になるとメーカーは限定していないが，必ずバレンタイ
ンギフトとしてチョコレートを購入してくれる女性である。お客はメーカーを
気にすることなく，チョコレートを選択して購入してくれる女性である。見込
み客はバレンタインギフトとしてチョコレート菓子をメーカーが提案し，それ
を気にいれば購入してくれそうな女性のことである。潜在客は現時点では，バ
レンタインギフトを自身で購入してくれることはないが，やがて購入してくれ
そうな層である。

　顧客の特徴によって，求められている商品も異なる。「義理チョコ」ならば
特別に高額である必要はない。「本命チョコ」ならば品質，ブランド，味，パッ
ケージとこだわりが発揮される可能性がある。顧客と商品との関係は，購入者
とギフトする相手との関係によって異なるのである。

2　商品の魅力

　商品は消費者とのコミュニケーションツールである。小林（2018）によると
アメリカの心理学者であるアルバート・メラビアン（Albert Mehrabian）はコミュ
ニケーションには3つの基本的な要素があると指摘し，それらは，言語情報（内
容），感覚情報（声のトーンや言葉づかい），視覚情報（表情や外見）であると述
べている[10]。商品にあてはめると，言語情報は主には内容を理解できるように
発信されたかどうかで理解度の高低が決まると考えられる。内容の中には素材
に関すること，成分に関すること，カロリーやアレルギーなどに関することなど
などがあり，消費者に伝えるべき内容は多岐に渡る。感覚情報は店頭での販売員

10）小林茂雄，藤田雅夫編著（2017）『装いの心理と行動―被服心理学へのいざない―』アイ・ケイコー
　　ポレーション，30頁引用。続きには「この3要素のなかで最も伝達力が高いものは視覚情報（Visual）
　　であり，全体の55％を占めている」とある。いかに見た目が重要かを理解できる。

の接客態度が含まれる。視覚情報には，商品そのものの形状，外観であるパッケージが当てはまる。特に最近は「インスタ映え」が重視され，見た目の美しさが重要になっている[11]。エコの観点から考えると過剰な包装は廃する方向である。しかし，一方では「インスタ映え」するような外観が求められており，ここでもパッケージや外観の二極化がすすんでいると考えられる。つまり，価格の二極化，商品の二極化，そして外観の二極化である。価格の二極化は同じ商品でも安価な価格帯のものと高額な価格帯に分かれてしまうことで，商品の二極化とは主に品質や機能の面である。たとえば，現在は，シンプルな高品質で健康によいチョコレートもあれば，おもしろいデザインのものもある。外観の二極化は見た目のパッケージや包装のことである。

　このようにバレンタインデーは，もはや愛を告白する日だけではなく，女性顧客の様々な心理を反映したイベントである。女性たちの心理に響く提案はコトとシーンをつなげる中に生まれてくるといえよう。バレンタイン市場における顧客心理の変化は，チョコレートを通じて時代の変化を示している。ここではチョコレートを中心に金額や購入個数の変化を示したが，チョコレート以外の商品についても売れ筋が変化している。従来から，マフラーや手袋やセーターという身につけてもらえる定番商品もあるが，最近ではより実用的なものをバレンタインギフトとして選択している傾向があると言われている。また，チョコレート以外の菓子や食品をギフトとして用いる傾向もみられる。

3　クリスマス・スイーツギフト

1　概　　要

　ここでは，ギフトとスイーツとの関係について，クリスマスに着目した結果

11）インスタ映えとは，スマートフォンで写真をうつす時に，より鮮明に美しく見えるように目指すことである。最近では，商品そのものがあらかじめインスタ映えになるように工夫されていることが多い。

を述べる。クリスマス時期にパーティやギフトをする習慣は多くの国で存在する。クリスマスもバレンタインと同様に，もともと日本発祥のものではない。しかし，日本ではバレンタインの時期にはチョコレートの商品が出回り，クリスマスの時期にはケーキが目につく。なお，アメリカではクリスマスの菓子としてイメージされる菓子はクッキーで，クリスマスツリー，雪だるま，ベル，星などの形をしたものが定番である。アメリカでクッキーが定番な理由は，プレゼントを運んでくれるサンタクロースに対して，ミルクとクッキーで一休みしてもらうためのおもてなしという物語が考えられる。山本（2010）は「食というものにはいつも物語がついてまわる」と述べ，「お菓子」の世界にも物語があることを指摘している。そして「物語性のあるお菓子や包装やコピーを」顧客が求め，それらに応じるためには店舗のしつらえにも物語性が必要であると指摘している[12]。それぞれの物語が文化にもつながっていくのである。

2　商品を取り巻く環境要因

クリスマスギフトに使用されるスイーツは，主に毎年11月末から12月末まで販売されている。クリスマスケーキに関しては，12月22日〜25日が販売のピークになるが，クッキー，チョコレート，キャンディなどはクリスマスの日に向けて長い期間での販売がなされている。バレンタインと異なる点は，「義理チョコ」と呼ばれる社交辞令的なギフトが，クリスマスギフトのスイーツには少ないことであろう。山田（2007）は日本型バレンタインの特徴を「チョコレートを贈る」「女性から男性に贈る」「女性から男性へ愛の告白をする日だという認識である」という。これにそっていえば，日本型クリスマスの特徴は「チキンを食べる」「クリスマスツリーを飾る」「クリスマスケーキを食べる」日であるという認識であろう。余談になるが欧米ではクリスマスには七面鳥を食べる

---

12) 山本徳次（2010）『たねやの心』毎日新聞社，38-39頁引用。また山本は39頁に「生きるということが，日々これ物語を創ったり探したりするという旅であるとするなら，お店もそれに応えるようにしておかんとあかんし，当然お菓子の表情にもどこかお客さんに語りかけるようなものがないとあかんと思うのや」と述べている。

習慣があるが，日本ではチキン（鶏）が主である。堤（2018）は訳書の中で欧米のジビエ（野鳥獣）としての七面鳥を食することにもふれている。

　クリスマス時期のスイーツも日本の菓子メーカーが売上の向上のために利用している。ただし，クリスマスケーキを販売する場所はケーキ屋だけではない。ホテル，デパートの地下，コンビニエンスストア，スーパーマーケットなどで広く販売されている。有名なパティシエが製作するものから，手作りのものまで種類も形も量も千差万別である。また，パッケージもサンタクロースやトナカイをあしらってクリスマス気分を反映させる定番のものばかりではなく，流行や特別感を演出する工夫もされている。さらに，和菓子屋からの洋菓子への参入も最近では珍しいことではない。たとえば，和菓子の老舗である㈱虎屋は約500年の歴史を有しているが，銀座ソニーパークや東京の北青山などに「TORAYA CAFÉ」を出店したことは有名である。またブラマンジェのソースとしてお汁粉を使用したこともよく知られた話である[13]。

3　クリスマススイーツに対するグループ調査の結果

　2018年は，平成時代最後のクリスマスであった。最後の特別なクリスマスであるような演出も企業の工夫としてなされてきた。そのような雰囲気の中で，消費者の意識を調べるために，関西圏に在住の女子大学生3年生40人を対象として調査を実施した。実施期間は2018（平成30）年11月30日〜12月4日，実施場所は大学構内のミーティングルームである。方法は40人を5人ずつのグループに分けて，8つのグループをつくる。それらの8グループで順番にディスカッションをしてもらった。同時にしない理由は他のグループの意見が聞こえないようにするためである。調査対象者である女子大学生たちに1つのテーブルの周りに均等に座ってもらい，真ん中に録音機器を置いた。録音については調査対象者全員に同意を得た。なお，5人で1つのグループをつくったが，

13）ブラマンジェに，お汁粉とカシスソースを混ぜたものを掛けた話と，六本木ヒルズへの進出の話は長沢伸也，染谷高士（2007）『老舗ブランド「虎屋」の伝統と革新─経験価値創造と技術経営─』晃洋書房，90-95頁参照。

構成メンバーは同じ学部の顔見知りで初対面ではない。学生たちが所属する学部は経営学部，現代社会学部，法学部でいわゆる文系と呼ばれる学部である。

　ディスカッションのテーマは①クリスマススイーツのイメージとして想起する菓子と思い浮かべるパッケージカラーについて，②値ごろ感について，③スイーツに対する期待について，さらに購入予定の有無，④ギフトする相手との関係についての４つである。実施時には司会を調査者が行い，タイムキーパーをミーティングルーム内に着席させた。１グループは90分の目安でディスカッションをしてもらった。８つのグループのディスカッションの平均時間は100分となり，予定時間を越えるグループが７つ，予定どおりに終了したグループは１つであった。この手法を採用した理由は，少数意見にも耳を傾ける機会があるからである。少数意見の中に次の市場へのアプローチに対する糸口が潜んでいるのである。

　図表3-6以降に質問別に４つの調査結果をまとめた。

　①クリスマススイーツのイメージについては各グループ内で主要であるものを４つずつ上位から順番に選択した。たとえば，グループ１の上位は図表3-6に示したとおり，第１位がケーキ，第２位がクッキー，第３位がキャンディ，第４位がチョコレートであった。これら以外にはマシュマロ，ナッツ，アイスクリーム，ドーナッツ，プリン，ラムネなどもあげられた。

図表3-6　クリスマススイーツのイメージについて

n=40

グループ	主な菓子の種類	色
1	ケーキ，クッキー，キャンディ，チョコレート	赤，緑，金，茶
2	ケーキ，クッキー，シュトーレン，キャンディ	赤，金，白，銀
3	ケーキ，クッキー，キャンディ，マシュマロ	赤，緑，金，銀
4	ケーキ，クッキー，チョコレート，プリン	赤，白，緑，黄
5	ケーキ，クッキー，バームクーヘン，キャンディ	赤，黄，緑，銀
6	クッキー，ケーキ，シュトーレン，パイ	赤，緑，金，黄
7	クッキー，ケーキ，マシュマロ，チョコレート	赤，緑，白，黄
8	クッキー，ケーキ，チョコレート，キャンディ	赤，緑，黄，金

出典：辻幸恵（2018）「クリスマスギフトに選択されるスイーツの特徴」『食品加工技術』Vol.38, No.4, 31頁，表1クリスマススイーツのイメージについてを引用。

図表3-6から，クリスマススイーツのイメージはケーキが多いということが
わかる。また，クリスマススイーツのパッケージカラーは，各グループともに
赤色が1位にあげられた。緑色が2位になったグループは5つ，3位は2つとなっ
た。定番の赤と緑色のパッケージのイメージが女子大学生たちにも強いことが
わかった。金色，銀色，黄色のイメージはリボンの影響と考えられる。包装や
パッケージにおしゃれさを求める顧客の要望に応えることは重要である。ただ
し，クリスマススイーツのイメージ・カラーにあわないパッケージを消費者に
提案する場合は，何らかの特別な意味を付加しなければならない。イメージに
あわないものを消費者が受け入れてくれるとは限らないからである。
　値ごろ感を知るためにギフトをする相手とそれぞれの予算（金額）について
の調査結果を図表3-7に示した。値ごろ感とは「消費者の内的参照価格」のこ
とである。これは「広告や安売りなどの新たな情報を得るたびに変化する。消
費者は心の中にある内的参照価格よりも高いと感じるとその商品を購入しなく
なる」といわれている[14)]。

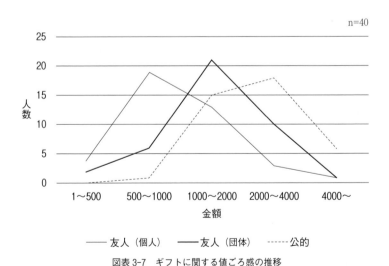

図表3-7　ギフトに関する値ごろ感の推移

出典：辻幸恵（2018）「クリスマスギフトに選択されるスイーツの特徴」『食品加工技術』
　　　Vol.38, No.4, 32頁，図1ギフトに関する値ごろ感を引用。

　この質問では全員に回答を求めたので，グループとしての意見ではなく個人
の意見である．その結果，友人個人に対するクリスマススイーツの予算として
は 500 円〜 1000 円未満が一番多くなっており，友人たちとパーティのような
集まりがある場合は 1000 円〜 2000 円未満が予算として一番多くなっていた．
上司などの目上の人々や少しフォーマルな感じのクリスマススイーツになる場
合は 2000 円〜 4000 円未満が一番多い予算となった．これらからわかるように，
個人間のやりとり，たとえば友人などにはクリスマススイーツは高額なもので
はなく，手頃な値段を希望していることがわかる．そこでは金額が 4000 円を
超えるスイーツを購入すると回答した者は極端に少なくなっているからである．
　スイーツに対する期待と実際に購入予定の有無を尋ねた結果を図表 3-8 に示
した．スイーツに対する期待とは，商品としてそれに何を求めるのかというこ
とである．これはグループによって様々な意見が出たが，高額なものよりもお
得感があるということを最重視するグループが 2 つあった．その原因として考
えられることは，大学生たちが景気の回復を実感していないことと，合理的な
消費者と呼ばれる若者たちの価値観が反映されている結果であるといえる．ま

図表 3-8　スイーツに対する期待，実際に購入予定の有無

n=40

グループ	主な期待	予定の有無（%）
1	値段よりもお得感がある，楽しい感じ，珍しさ，華やかさ	100
2	プレミアがある，特別感，楽しい感じ，珍しさ，話題性，流行	100
3	新製品，珍しさ，インスタ映え，値段よりもよく見える，流行	100
4	特別感，見栄えがよい，楽しい感じ，高級な感じ，華やかな感じ	100
5	こだわり，特別感，プレミアがある，話題性，珍しさ，インスタ映え	80
6	値段よりもお得感がある，珍しさ，インスタ映え，おいしさ，流行	100
7	サプライズがある，楽しい感じ，珍しさ，インスタ映え，華やかさ	100
8	話題性がある，インスタ映え，珍しさ，こだわり，華やかさ，流行	100

出典：辻幸恵（2018）「クリスマスギフトに選択されるスイーツの特徴」『食品加工技術』Vol.38, No.4,
　　32 頁，表 2 スイーツに対する期待，実際に購入予定の有無を引用．

14）石井淳蔵，廣田章光，坂田隆文編（2016）『1 からのマーケティング・デザイン』碩学舎，55 頁を
　　引用．引用箇所の続きには「つまりスポット的なセールによる値下げを頻繁にしてしまうと，通常
　　価格では「今日は高い（から買わないでおこう）」となってしまうわけだ」とある．

た，ここでもインスタ映えするスイーツを求めていることがわかった。さらにクリスマススイーツの特徴として考えられることは「楽しい」というキーワードである。

　図表3-8も図表3-6と同様にスイーツに期待することを重要な順にランキングをしてもらったが，同順位があるので，結果としてはどのグループも4つ以上の理由が並べられた。購入予定の有無については，1人以外は全員が購入するという回答となった。クリスマスギフトにするスイーツは贈る相手によって金額が異なるが，多くの女子大学生たちはクリスマスには，誰かにギフトをするということがわかった。

　ここで図表3-8内のランキングにしたがって各期待する項目を得点化する。方法はランキングの第1を4点とし，2位を3点，3位を2点，4位を1点とする。たとえば第1グループならば「値段よりもお得感がある」を4点，「楽しい感じ」を3点，「珍しさ」を2点，「華やかさ」を1点とする。これらの点数の集計を図表3-9に示す。

　クリスマススイーツに期待することは「珍しさ」「楽しい感じ」「特別感」「値段よりもお得感がある」であった。味に関しては1つのグループ以外は期待される項目ではない。味であるおいしさに点数が集まらなかったという結果が示すことは，味はどうでもよいということではない。むしろ何を購入しても最近

図表3-9　スイーツに対する期待の得点表

単位：点

項目	点数	項目	点数
珍しさ	18	楽しい感じ	12
インスタ映え	12	特別感	11
値段よりもお得感がある	10	プレミアがある	7
話題性	7	こだわり	6
サプライズ	4	華やかさ	4
流行	4	新製品	4
見栄えがよい	3	高級な感じ	2
おいしさ	2		

出典：辻幸恵（2018）「クリスマスギフトに選択されるスイーツの特徴」『食品加工技術』Vol.38, No.4, 33頁，表3スイーツに対する期待の得点表を引用。

では「まずい」スイーツがないことが前提となっていると考えた方がよい。つまり，わざわざおいしさを期待しなくても，クリスマススイーツとしてあるいはそのギフトとして販売されているスイーツはあるレベルにおいて，おいしいと認識されていると考えるべきであろう。

　さて，少数派の意見としては，人目をひく，親しみやすい，手ごろな値段がよい，その時だけの限定商品，新しい商品（新製品），老舗の商品，ブランド品，記念になる品物，ユニークさ，定番商品，かわいい感じ，色がきれい，パッケージがよい，（サンタやトナカイなどの）キャラクターがついている，自慢できるなどがあげられた。

　ギフトをする相手との関係については，同性あるいは異性の友人間，同性のグループ間や異性も含まれているグループとのやりとり（プレゼント交換）が多く，次に家族へのギフトがあげられた。家族へのギフトでは誰という特定の人物ではなく，家族全体で食べるというものであった。フォーマル的なギフトとしてあげたのは40人中2人だけであった。フォーマル的なギフトといっても，ひとりは大学のゼミナール（研究室）でのクリスマスパーティに持参するということで，同性あるいは異性の友人間に近い関係である。もうひとりもアルバイト先の上司宅への手土産ということであった。

4　クリスマススイーツに対する消費者の購入意識

　先の調査では女子大学生だけを対象としたが，今回は関西圏に在住の大学生1年生〜3年生の男女各100人を対象として調査を実施した。実施期間は2018（平成30）年12月18日〜12月21日で，実施場所は大学内の教室である。方法は集合調査法で質問紙を用いた。質問数は30項目とした。これらの質問項目は先に得たスイーツに対して期待する15の項目を流用し（図表3-8），さらに15項目を追加した。それらは，人目をひく，親しみやすい，手ごろな値段がよい，その時だけの限定商品，新しい商品（新製品），老舗の商品，ブランド品，記念になる品物，ユニークさ，定番商品，かわいい感じ，色がきれい，パッケージがよい，（サンタやトナカイなどの）キャラクターがついている，自慢で

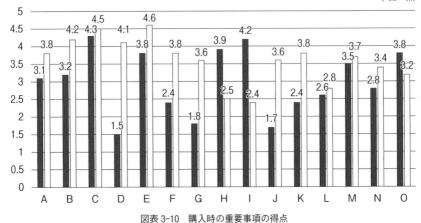

図表3-10　購入時の重要事項の得点

Ａ：珍しさ，Ｂ：楽しい感じ，Ｃ：特別感，Ｄ：値段よりもお得感がある，Ｅ：インスタ映え
Ｆ：プレミアがある，Ｇ：話題性，Ｈ：こだわり，Ｉ：サプライズ，Ｊ：華やかさ，Ｋ：流行
Ｌ：新製品，Ｍ：見栄えがよい，Ｎ：高級な感じ，Ｏ：おいしさ
注）グラフ内の項目では男子は左側，女子は右側。小数点以下第2位を四捨五入
出典：辻幸恵（2018）「クリスマスギフトに選択されるスイーツの特徴」『食品加工技術』Vol.38, No.4,
　　　34頁，表4購入時の重要事項を引用。

きるである。これらはグループディスカッションで出された意見であるが，い
ずれも少数意見であったので図表3-8には記されていない。合計30項目を質
問項目として，購入時にどの程度，重視するのかを5段階尺度で回答してもらっ
た。尺度は1：まったく重視しない，2：やや重視しない，3：どちらでもない，4：
やや重視する，5：たいへん重視する，の5段階である。なお，図表3-9では
期待されている項目をそのまま使用したが，実際には商品として期待するが購
入時の重視事項ではない項目も存在している。

　図表3-10から男女いずれも高い数値を示したもの，すなわち購入時に重視
すると回答した項目は男女ともにＣ：特別感であった。ここからは男女ともに
平均値が3.8以上のものをあげる。女子が購入時にもっとも重視すると回答し
たものはＥ：インスタ映えで，男子が購入時にもっとも重視すると回答したも
のはＣ：特別感であった。男子は特別感につづきＩ：サプライズ，Ｈ：こだわり，

50

図表 3-11　女子の因子分析結果

n = 100

項目	第 1 因子	第 2 因子	第 3 因子	ネーミング
インスタ映え	0.823	0.081	− 0.073	
見栄えがよい	0.786	0.043	− 0.011	見た目の因子
華やかさ	0.642	0.072	0.124	
流行	0.520	0.104	0.037	
楽しい感じ	0.548	0.770	0.085	
特別感	0.140	0.721	0.043	感性の因子
お得感がある	0.122	0.683	− 0.042	
かわいい感じ	− 0.104	0.512	0.109	
話題性	0.081	0.052	0.668	
プレミアがある	0.093	0.108	0.546	話題性の因子
限定商品	− 0.029	− 0.083	0.505	
寄与率	36.40	15.28	11.20	

出典：辻幸恵 (2018)「クリスマスギフトに選択されるスイーツの特徴」『食品加工技術』
Vol.38, No.4, 34 頁，表 5 女子の因子分析結果を引用。

E：インスタ映え，O：おいしさと続いている。これに対して女子は，E：イン
スタ映えが 1 位でそれに続くのが C：特別感，B：楽しい感じ，D：値段より
もお得感がある，A：珍しさ，F：プレミアがある，K：流行となった。このよ
うに男子と女子では購入の際に重視する項目に違いがあった。

　次に男女別に 30 項目に対する回答をデータとして主因子法，Kaiser の正規
化を伴うバリマックス回転法による因子分析を用いた。女子の結果を図表 3-
11 に，男子の結果を図表 3-12 に示した。なお，図表 3-11 と図表 3-12 は寄与
率が 10.0％を超えた 3 因子を示した。

　図表 3-11 に示したように，女子からは 3 つの因子が得られた。第 1 因子は「イ
ンスタ映え」，「見栄えがよい」，「華やかさ」，「流行」の 4 つの項目から「見た
目」と名づけた。第 1 因子の寄与率が高いことから女子はクリスマススイーツ
において見た目をたいへん重視することがわかる。第 2 因子は「楽しい感じ」，
「特別感」，「お得感がある」というように感じることがあげられた。「お得感」
はその菓子に価値を見出して，得だと感じることである。つまり，高級志向で
はなく値段よりも良いと感じるものがクリスマススイーツには求められている。
次に，感性を刺激する要素を含んでいることが重要である。図表 3-11 内に示

51

された「かわいい感じ」は特に女子にアピールするためには必要な要素である。四方田（2006）は調査結果から「都心の大学生の方が地方の大学生と比べて，より「かわいい」商品の情報に依存し，ピア（近隣）集団を意識しつつ，「かわいい」を実践している」と指摘している[15]。今回の調査対象者は，関西圏に在住している女子大学生たちで，どちらかといえば都心に近い環境である。四方田の指摘が当てはまると考えられる。第3因子は「話題性」，「プレミア」，「限定商品」というように，時流に合致しながらも商品としての価値を求めている。つまりプレミア商品にしても限定商品にしても，個数が決まっている場合が多いので，それらを購入してギフトすることによって優越感が生じる。おおむね，限定商品やプレミアがついた場合は話題にのぼるように企業も努力をするので第3因子を話題性の因子と名づけた。

　次に図表3-12に示した男子の結果について述べる。男子も女子と同様に寄与率を10.0％以上のものにした場合，3つの因子が得られた。ただし，累積寄与率については第3因子までで女子が64.88％に対して，男子は49.97％であっ

図表3-12　男子の因子分析結果

n = 100

項目	第1因子	第2因子	第3因子	ネーミング
特別感	0.721	− 0.044	0.010	
珍しさ	0.626	− 0.043	− 0.028	差別化の因子
サプライズ	0.532	− 0.072	0.105	
こだわり	− 0.044	0.753	0.048	
老舗の商品	0.182	0.641	0.058	
定番商品	0.146	0.549	− 0.002	本質の因子
おいしさ	− 0.127	0.508	0.004	
話題性	0.001	− 0.002	0.643	
プレミアがある	0.010	− 0.041	0.582	話題性の因子
限定商品	0.019	− 0.009	0.517	
寄与率	25.02	14.08	10.87	

出典：辻幸恵（2018）「クリスマスギフトに選択されるスイーツの特徴」『食品加工技術』Vol.38, No.4, 34頁，表6男子の因子分析結果を引用。

15）四方田犬彦（2006）『「かわいい」論』筑摩書房，48頁を引用。この調査は2005（平成17）年に明治学院大学と秋田大学に在学の学生を対象としたものである。これらの2つの大学の学生の特徴を四方田は「前者は湘南と港区という，メディアが恒常的に流行を煽り立てている地域にある私立大学であり，後者が90％近い大学生が地元の県出身という地方の国立大学で」と説明している。

た。

　男子の第1因子は「特別感」,「珍しさ」,「サプライズ」の3項目から差別化の因子と名づけた。珍しいから特別であり，驚きがあるという一連の流れになっているが，根底には他とは異なることが前提で，差別（区別）されるものを購入時には重視していることがわかる。第2因子には「こだわり」,「老舗の商品」,「定番商品」,「おいしさ」が項目として並んでいるが，これらは女子の重視する要因には入っていない．いわば第2因子は男子の特徴を現しているとも考えられる。男子はあくまでも食するものには，おいしさを求めていることになる。

　第2因子はキーワードに老舗や定番が入り，これらはスイーツの本質をあらわしている。老舗のこだわりがそのままスイーツのおいしさにも通じるのであろう。また目新しさではなく，いつの時代にでも通じるものを重視している。このように男子の第2因子は菓子の本質に近いところが示された。ギフトにするならばこだわりたいという思いも示されていると考えられる。これに対して，女子の場合はギフトを男子ほど重たい意識で感じているわけではなく，クリスマススイーツを一緒に楽しみたいという感覚で選択していると推察できる。よって，本格的な老舗の商品でなくても，楽しい感じであればよいという結論になるのである。

　第3因子は「話題性」,「プレミアがある」,「限定商品」となった。これらは女子の重視項目でもある。よって女子と同じく「話題性」の因子と名づけた。SNSを自由に活用する大学生たちにとって，新しい情報を得ることはむずかしいことではない。誰かが新しい菓子を発見して，インスタグラムに投稿すればそれに対する反応も早い。話題になるスピードも以前と比較にならないほど早い。よって，クリスマススイーツだけではなく，話題性という因子は若者の特徴を示していると考えられる。図表3-11と図表3-12の結果を図にまとめたものが，図表3-13の購入時における重視項目の関係である．

　因子分析の結果を以下のようにまとめた。

　女子にとって，第1因子の見た目はギフトには欠かせない要素である。これはバレンタインにも出現した要因であり，今日の若者の嗜好を反映していると

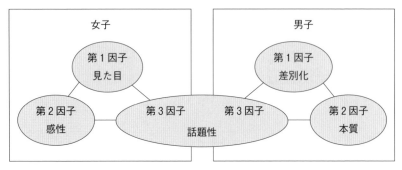

図表3-13　購入時における重視項目の関係

出典：辻幸恵（2018）「クリスマスギフトに選択されるスイーツの特徴」『食品加工技術』Vol.38,
No.4, 35 頁，図 2 の購入時における重視項目の関係を引用。

考えられる。女子の第 2 因子の感性は楽しい感じが代表であるように，雰囲気
が大切なのである。その雰囲気の中には菓子そのものの形状だけではなく，ラッ
ピングや店舗のレイアウトも含まれる。男子の第 1 因子の差別化は製品の差別
化である。製品の差別化がブランドを構築する。ブランドになるためには時間
がかかる。よって，第 2 因子であげられているように，老舗という重視項目へ
とつながっていくのである。老舗になればこだわりは強くなる。食品としての
本質である味については，男子はおいしいということを期待させる要因だけで
はなく，購入時にも重視する項目であった。これは女子とは大きく異なる特徴
であり，定番商品への信頼にもつながっている。第 3 因子の話題性については
女子と同様であったことから，この第 3 因子は若者（この場合大学生）の特徴
であると考えられる。

4 　顧客別の商品提案

　調査では男女に分けてクリスマススイーツの購入時に重視する項目を示した。
クリスマススイーツへの重視項目には男女差も見られた。そこでここでは男女
それぞれに向けたクリスマススイーツについて考察する。

　女子大学生に向けての商品提案としては以下のことが考えられる。女子大学生たちには見た目を重視したもの，女子ならではの感性にアピールするものが売れる商品となる。最近は「インスタ映え」が流行しているので，いわゆる見た目の美しさやかわいらしさが重要になっている。そのためには女子が想起する赤や緑のイメージ・カラーを裏切らないものにすることも提案できる。あるいは「かわいい」をキーワードに開発されたスイーツやラッピングも効果があると考えられる。「かわいい」を印象づけるためには，色，柄だけではなく，大きさや商品そのものの物語も必要になってくる。クリスマスだからといって物語の主人公をサンタクロースやトナカイや子供たちにする必要はない。スイーツに特化した新しい物語の提案によって，女子に理解されやすい「かわいい」商品が生まれるのである。

　最近の女性はシンプルさが好きだという風潮もあるが，それは洋服に対していえることで，文具や化粧の世界では必ずしもシンプルな商品だけが受け入れられているわけではない。

　次に，男子大学生に向けての商品提案としては，差別化と本質の両面をいかに合致させるかがポイントである。どこにでもあるようなものではなく，味もしっかりしているスイーツを求めていると考えられる。たとえば，和菓子専門店の特別バージョンであるクリスマスギフトなどは男子大学生の求めるものに近いかもしれない。日本ではクリスマスにイメージされるスイーツはケーキである。そこに和的なものが融合されていくにはまだ時間がかかるかもしれないが，差別化にはつながる方策である。もちろん，現実的には抹茶味のケーキや小倉餡のクリームのケーキも存在しているので，和的な洋菓子も存在している。クリスマススイーツに和菓子のようなクリスマスケーキやクッキーが開発され，それが話題性を持ったとしても不思議ではない。また，男子に対しては，クリスマスカラーにこだわることなく，菓子の本質がイメージできるようなラッピングやカラーで勝負することも可能であろう。

　全体的に若者に対しては，新製品だけではなく珍しさやプレミアがある商品を提案できる。マーケティングとして考えた場合，限定商品や定番商品は基本

の中の4Pのうち，Productに対する重視事項である。そして，女子があげたお得感はPrice，見た目やインスタ映えはPromotionとしてとらえられる。もちろん，特別感を演出するのもPromotionである。情報の要素としての話題性はその時に多く出回っているクリスマススイーツの中から選ばれ，それらがクリスマスとして特別感とつながる。

　若者だけではなく，より広い世代が受け入れられるクリスマスというイベントだからこそ，そこでは欠かせないスイーツとギフトは拡大できる市場である。今回得た男女それぞれの3要因は，市場としてみた場合の重要な要因として考えらえる。また，世代として考察した場合，クリスマスギフトとしてのスイーツもその時の話題性のあるものを重視するところに若者の価値観があると考えられる。よって，商品を開発するだけではなく，話題になる物語的な要素が必要で，誰にでもわかりやすく，一見すればわかるようなものが望ましいといえよう。

5　今後の課題

　ギフトはその時代の人々のニーズを映し出している。そのため，バレンタインデーのギフトでもクリスマスギフトでも毎年，話題になるものとならないものに分かれてしまう。今回の調査からもわかるように，クリスマススイーツに女子大学生たちはインスタ映えするような見た目や感性を刺激するものを求めている。男子は差別化と本質を求めている。そして男女ともに話題性のあるものを希望し，それらを購入時にも重視する。バレンタインギフトは以前とは異なるタイプの友チョコや自分へのご褒美チョコが増加傾向にある。贈る対象が上司やお世話になった人から身近な友人や自分へと変化しているのである。女性の意識の変化が根底にあると考えられる。

　クリスマススイーツでは少ない人数の中でも男女の差があった。その原因が，スイーツによるものなのか，ギフトという行為なのか，クリスマスというイベントによるものなのかを今後は探らなければならない。いずれにしても，クリ

スマスカラーなどは古典的な赤や緑が想起され，イメージする菓子もケーキという定番なものであったことから従来のクリスマス感を若者は持ち合わせていることが理解できた。この結果は，時代と共に意識が変化しているバレンタインギフトとの大きな違いである。共通点は女子が流行を重視する点と，インスタ映えという見た目を重視することである。また，一般的には若者たちはリスクを嫌う傾向にあるので，バレンタインデーのイベントでもクリスマスのイベントでも，やりすぎることには注意が必要である。

　今後は，チョコレートやケーキなどのスイーツのみならずバレンタインギフトとクリスマスギフトの販売戦略の違いを明らかにすることと，消費者の購買意欲を高めるイベントの特徴を明確にすることという2つの課題がある。前者は企業戦略につながり，後者は消費者心理につながる研究である。

　本章は以下の2つの論文が出所である。これらに修正あるいは加筆，データの追加などをおこなった。

辻幸恵（2018）「バレンタイン市場における顧客心理の変化─チョコレートを中心にした一考察─」『食品加工技術』Vol.38, No.2, pp.35-41

辻幸恵（2018）「クリスマスギフトに選択されるスイーツの特徴」『食品加工技術』Vol.38, No.4, pp.30-37

【参考文献】

石井淳蔵，廣田章光，坂田隆文編著（2016）『1からのマーケティング・デザイン』碩学舎

井出野尚，竹村和久（2018）「選好形成と消費者行動」『繊維製品消費科学』Vol.59, pp.26-30

神山進（1997）『消費者の心理と行動─リスク知覚とマーケティング対応─』中央経済社

小林茂雄，藤田雅夫編著（2017）『装いの心理と行動─被服心理学へのいざない─』アイ・ケイコーポレーション

桜井英治（2011）『贈与の歴史学─儀礼と経済のあいだ─』中公新書

滋野英憲，辻幸恵，松田優（2018）『マーケティング講義ノート』白桃書房

芝裕順（1979）『因子分析法（第2版）』東京大学出版会

関満博，遠山浩編（2007）『「食」の地域ブランド戦略』新評論

関満博, 古川一郎編 (2009)『「ご当地ラーメン」の地域ブランド戦略』新評論

高木修監修 (2000)『消費行動の社会心理学』北大路書房

武田猛, 藤田康人他 (2017)『ヒットを育てる！食品の機能性マーケティング』日経BP社

長沢伸也, 染谷高士 (2007)『老舗ブランド「虎屋」の伝統と革新―経験価値創造と技術経営―』晃洋書房

辻幸恵, 田中健一 (2004)『流行とブランド―男子大学生の流行分析とブランド視点―』白桃書房

辻幸恵 (2001)『流行と日本人―若者の購買行動とファッション・マーケティング―』白桃書房

朴正洙 (2012)『消費者行動の多国間分析―原産国イメージとブランド戦略―』千倉書房

藤島廣二, 宮部和幸, 木島実, 平尾正之, 岩崎邦彦 (2016)『フード・マーケティング論』筑波書房

ポーラ・ヤング・リー著, 堤理華訳 (2018)『ジビエの歴史』原書房

松田久一 (2009)『「嫌消費」世代の研究―経済を揺るがす「欲しがらない」若者たち』東洋経済新報社

儘田徹 (2012)『はじめて学ぶ社会調査―リサーチ・マインドを磨く8つのレクチャー』慶応義塾大学出版会

南知惠子 (1998)『ギフト・マーケティング―儀礼的消費における象徴と互酬性―』千倉書房

渡辺龍也編著 (2018)『フェアトレードタウン』新評論

山田晴通 (2007)「「バレンタイン・チョコレート」はどこからきたのか (1)」『東京経済大学人文自然科学論集』124号, pp.41-56

山本浩二, 上野山達哉編著 (2017)『マネジメント講義ノート』白桃書房

山本徳次 (2010)『たねやの心』毎日新聞社

四方田犬彦 (2006)『「かわいい」論』筑摩書房

L. リチャーズ著, 大谷順子, 大杉卓三訳 (2009)『質的データの取り扱い』北大路書房

第4章　キャラクター・マーケティング

1　キャラクター・マーケティングの重要性

　日本人の「かわいいものが好き」志向は健在であるといえよう。昨今の猫ブームもその中のひとつであるし，インスタ映えするタピオカもその範疇に入るかもしれない。タピオカを見て，丸くてもちもちし，プチプチした様を「かわいい」と感じている女子は少なくない。その「かわいい」ものの中にキャラクターグッズが含まれている。四方田（2006）はかわいさについて「単純な原色に塗り分けられた犬や熊の似姿が「かわいい」と感じられるのは，それが本質的に「かわいい」からではなく，人間がそれに「かわいさ」を投影するからに他ならない」とぬいぐるみを例示し，「かわいい」を説明している[1]。周囲を見れば，キャラクターグッズがいたるところに存在している。また，八百万の神を信仰してきた日本人の感性に合致するように，都会にも地方にもゆるキャラが存在している。道具やグッズとして自宅に，学校に，会社に存在し，気がつけば，周囲に溶け込んでいるのである。

　文具の中には多くのキャラクターが使用されている。便箋，封筒，ノート，筆記用具，筆箱，ファイルとあげれば，きりがないほどである。衣類の中にもたくさん採用されている。Tシャツにプリントされるものもあれば，靴下，手

1）四方田犬彦（2006）『「かわいい」論』筑摩書房，87頁引用。続きには「「かわいい」とはものに宿る本質などではなく，「かわいい」と名付け，指さす行為なのではないかという解釈が，ここから生じる」とある。

袋をはじめ，子供服にあしらわれたりする。あるいは帽子や鞄などの小物や，靴にも印刷されている。菓子や食品のパッケージにはメーカーのキャラクターが印刷されている。また，野球チームのマスコットがタオルや応援グッズに印刷されることは珍しくない。

このように多くの場面で目にするキャラクターを活用して，より効率的に，販売することを目指す工夫がキャラクター・マーケティングのひとつの役割でもある。他にもキャラクターを採用することによって，注意喚起をうながしたり，イベントやサービスのシンボルにしたりと，活用事例は多い。キャラクターは人物とは異なり，自身が年をとったり，不正をしたりするわけではない。病気もしなければ怪我もしない。そして何よりも，長く使用することによって，認知度があがる。認知度があがれば，やがてキャラクターがブランドのように他者との差別化をはかるツールになる。多くの類似製品や類似サービスの中で，差別化をうながすことができるキャラクターの活用戦略は，いかなる業界でも必要なのである。

2 　キャラクターの分類と現状

キャラクターは「ゆるキャラ」「企業キャラ」「アニメ・漫画キャラ」など，いくつかの分類が可能である。いわば分類ができるほど，世間にはキャラクターがあふれているのである[2]。

企業が有しているキャラクターがいる。これらを企業キャラクターと呼ぶ。

---

[2] 日本経済新聞 2015 年 4 月 4 日（土）夕刊 1 面の見出しに「ゆるキャラ乱立　緩くない現実」とある。特に大阪府が多いと記載されリストラ対象にされているゆるキャラがいることを記載している。
　大阪府の市町村がもつ公認キャラクターの一例を以下にあげるが，いかに多いかが理解できる。あべのん（大阪府大阪市阿倍野区），いしきりん（大阪府），イヌナキン（大阪府泉佐野市），おづみん（大阪府泉大津市），くらわんこ（大阪府枚方市），コダイくん（大阪府和泉市），サカエル＆みそさかい（大阪府堺市）滝ノ道ゆずる（大阪府箕面市），トライくん（大阪府東大阪市）はにたん（大阪府高槻市），ひこぼしくん（大阪府枚方市），ひらにゃんこ（大阪府枚方市），ブットンくん（大阪市），マチカネくん（大阪府豊中市），みさきーちょ（大阪府泉南郡岬町），みさっきー（大阪府泉南郡岬町），みっけ（大阪府枚方市），モッピー（大阪府），ロマンちゃん（大阪府和泉市）

企業キャラクターは各企業がマスコットとして，自社の名前，ブランド，商品
などを顧客にアピールするために有している。企業キャラクターの歴史は古く，
江崎グリコ㈱は 1922（大正 11）年から「ゴールインマーク」をシンボルとし
て使用している。また，森永製菓㈱は 1967（昭和 42）年にチョコボールのパッ
ケージに「キョロちゃん」をデザインしている。もともとはチョコレートボー
ルという命名であったが，売上が芳しくなかったので，チョコボールに変更し，
「キョロちゃん」はオリジナルマスコットとして誕生したのである。比較的に
新しい㈱明治の「マーブルわんちゃん」は 1996（平成 8）年に誕生した。「マー
ブルわんちゃん」は，マーブルチョコレートの商品キャラクターである。7 色
に分けられた 7 匹の個性豊かな犬たちである。

　なお，ゆるキャラグランプリというキャラクターが一堂に集まるイベントに
は，企業キャラ部門がある。たとえば 2017（平成 29）年においては，1 位：「り
そにゃ」（りそなグループ），2 位：「えがおん」（ベラジオコーポレーション㈱），3
位：「にゃんまる」（㈱マルハン），4 位：「あわブタ」（㈱イーグルスター），5 位：
「はぴ太ファミリー」（関西電力㈱）であった。

　これらの現状をふまえ，多くの人々に認知され，好まれる要素をもつキャラ
クターを分析することを本章では目的とする。また，キャラクターにはどのよ
うな効果があるのか，またキャラクターを企業や自治体が所有することが有効
であるのか，について言及する。元来，企業キャラクターは商品と結びついて
いる。多くは身近なグッズ（商品）になり，「キャラクター商品」として販売
されている。「キャラクター商品」とは「販売を促進するため，テレビや漫画
などの登場人物やそのシンボルマークなどを付した商品」と説明されている[3]。
「アニメ・漫画キャラ」は玩具のような商品には使用頻度が高い。そして，ア

---

3)　辻幸恵，梅村修，水野浩児（2009）『キャラクター総論―文化・商業・知財―』白桃書房，5-6 頁
　　を参考。5 頁には「「キャラクター」という特殊な人格的存在が，漫画や映画といった出自から離れて，
　　二次的に他の商品に付着すると，それはキャラクター商品になる」と説明されている。また 6 頁に
　　は「福助足袋の「福助」やサッポロビールの「エビスさま」のように，漫画や映画ではなく，民間
　　伝承や神話の世界の登場人物を「キャラクター」にしている」とキャラクター商品の幅について説
　　明をしている。

ニメ・漫画キャラも著作権や版権を企業が有しているのである。所有先が企業か地方自治体かの違いはあったとしても，多くの人々に好まれるキャラクターを有することは，イベントや商品販売を通じて利益をもたらすのである。

3　キャラクターの意味と市場の傾向

　キャラクターという言葉の本来の意味は「①性格，人格。②小説・映画・演劇中の登場人物。③文字・記号」というものである[4]。日本では1990年代のはじめごろから，「セーラームーン」や「パワーレンジャー」などのように，複数のヒロイン，ヒーローたちがTV放映によって知名度を増し，彼らのキャラクターグッズが販売された。これらを漫画・アニメキャラクターと呼ぶ。同時に「ドラえもん」「ハローキティ」などの従来から知名度の高いキャラクターグッズも着目された[5]。バブル崩壊後の時期から，キャラクタービジネスがグッズを通じて本格化していったのである。漫画や映画などの登場人物を用いてグッズ商品へ展開し，またはゲームなどにもキャラクターを取り入れたのである。テレビ放映，映画，ゲームなどが連動してキャラクター市場をつくるようになった。山田（2000）はキャラクタービジネスを「キャラクターの版権を持っているライセンサー，それを使用するライセンシー，両者の橋渡し役となるエージェント」の3つに大別している[6]。

　ところで，2014（平成26）年は「妖怪ウォッチ」や「アナと雪の女王」などのメガヒットのため，2013年と比較をすると約7.6％増（1兆6,900億円）の市場になったと言われている[7]。それ以前は少し減少するか横ばいであったので，

4）　新村出編（2018）『広辞苑　第7版』岩波書店，741頁を引用。
5）　山田徹（2000）『キャラクタービジネス』PHP研究所，1頁を参考とした。
6）　上掲書，3頁を引用。3つの業務の詳細や例示は以下のとおりである。なお，これらは辻が簡潔にまとめた。
　　ライセンシー：クライアントの代理人としてライセンサーと交渉し，キャラクターの使用権を得た上で，より効果的なマーケティング活動を提案する業務
　　ライセンサー：会社が有しているキャラクター使用を他者に許諾する業務
　　エージェント：他のライセンサーが有する権利の窓口となりライセンシーと交渉する業務

2014 年の増加は快挙といえよう。「妖怪ウォッチ」や「アナと雪の女王」のように誰もが知るほどの大きなヒットとは対象的に，最初は個人的なキャラクター（これをマイキャラとも呼ぶ）やコアファンだけが，認知しているようなキャラクターでも，ブログや Twitter の活用によって，仲間内で認識されるようになる。これが仲間内から，情報が発信され，拡散されると同世代の多くの目にふれるようになる。ここで話題になれば，同世代内の小さなブームになる。この時点でも，グッズへの転用は可能ではある。一般的には同世代だけではなく，さらに世代をこえて目にふれるようになればメディアが取り上げるようになり，マイキャラクターの日の目を見る機会が訪れる。アニメ，漫画，映画のキャラクターはストーリーが受け入れられやすいものほど，ヒットになる可能性が高い。ONE PIECE やドラゴンボールのような，冒険，友情，不屈の精神などは男子が好むストーリーである。女子には青春，恋愛，変身などが好まれるストーリーだといわれている。

　あるキャラクターを SNS などで拡散して人気を得る手法は，メディアの活用が重要なポイントである。

4 　企業キャラクターの存在

1 　企業キャラクターを有する意味

　企業キャラクターを有する意味のひとつに親近感を消費者に持ってもらえる効果とリスク・ヘッジがある。

　辻が 2001（平成 13）年にキャラクター商品の購入基準について調査した折には，多くの企業がキャラクターを商品に付けて販売していた[8]。自社の商品

7）日本マーケティング・サイエンス学会第 97 回研究大会（於：大阪府立大学　中百舌鳥キャンパス）で，野澤智行氏が口頭研究発表をおこなった際の配布資料，およびパワーポイント 2 枚目からの引用である。

8）辻幸恵（2002）「キャラクター商品に対する購入基準とその魅力の要因分析―女子中学生とその母親の場合―」『京都学園大学経営学部論集』Vol.11, No.3，37-63 頁

に有名なキャラクターを付することによって，世間の関心を集め，親近感をもっ
てもらえるからである。あるいはキャラクターを活用することによって，商品
の差別化をはかっていた。たとえば，すでに 1988 年頃には，図表 4-1 の文具
や日用品にキャラクターが採用されていた。

　文具，雑貨，日用品など，身近な商品が，有名なキャラクターを使用してい
ることは，現在も傾向は同じである。現在では企業が有名な既存のキャラクター
を借りるだけではなく，自社で所有していることも多い。㈱ダスキンが有する
ミスタードーナツでは 2003（平成 15）年から，オリジナルマスコットとして「ポ
ン・デ・ライオン」を有している。伊藤ハム㈱も SNS キャラクターとして「ハ
ム係長」を有し，情報発信と顧客とのつながりにつとめている。企業キャラク
ターの中には森永製菓㈱の「キョロちゃん」のように 1967（昭和 42）年に登
場し，長い歴史をもつキャラクターもいる。

　企業がキャラクターを有しているのは，顧客との関係性を高めるためでもあ
る。商品や企業に親しみを感じてもらうためである。また，キャラクターによっ
て，商品や企業の名前を想起してもらえることを期待している。キャラクター
が人々に認知され，愛されるほど，企業は顧客との良い関係を高めることがで
き，その結果，企業を守ることもできるのである。企業キャラクターが功を奏
した事例として，㈱不二家の事件をあげる。これは梅村（2009）が，「好感度
の高いキャラクターを所有する企業は，不祥事にあたっても，キャラクターを

図表 4-1　キャラクター採用企業とそのキャラクター

企業名	分野	キャラクター	コンセプト
アポロ社	文具	スヌーピー・ミッフィー	明るくて楽しい
カルソニック	携帯電話	ハローキティ	安全に，おしゃれ，楽しさ
げんよう	雑貨	ハローキティ	チープ，キュート
コニカ	カメラ	フィリックス	人気
サクラクレパス	文具	ハローキティ	知名度の高さ
サンスター	日用品	ディズニー	安心

　注）辻幸恵（2002）「キャラクター商品に対する購入基準とその魅力の要因分析―女子中学
　　　生とその母親の場合―」『京都学園大学経営学部論集』Vol.11, No.3, 39 頁，表 1 より一
　　　部抜粋，なおこの表は『キャラクターブランドの市場戦略徹底分析 '98-'99』㈱富士経済，
　　　1988 年より筆者が作成した。

リスク・ヘッジの先兵に用い，業績悪化を食い止めることができる」という仮
説の下で検証した結果である[9]。

　2007（平成19）年1月に朝日新聞，読売新聞，毎日新聞の3紙が「不二家事
件」を取り上げた。不二家の事件の内容は賞味期限が切れた古い牛乳を使用し
てシュークリームなどの洋菓子を作っていたという記事である。菓子という食
品を作る企業が，材料をごまかし，不適切なものを使用していたという事実は
世間に大きなインパクトを与えた。2007年1月12日の読売新聞の朝刊には「落
ちた不二家ブランド」とゴシックで見出しがつけられ，同日の朝日新聞にも「不
二家商品を撤去」とゴシックで記載されていた。不二家は商品を撤去すると同
時に店頭に飾られていた不二家のキャラクターである「ペコちゃん」も撤去し
た。その後，商品販売を再開するまでに，幾度も謝罪文をペコちゃんが持ち，
あたかも「ペコちゃん」が謝罪しているように見える写真が新聞にも掲載され
た。店頭から撤去され謝罪する姿に，「ペコちゃんがかわいそう」という心情
が人々に生まれたと梅村（2009）は分析している。やがて，商品販売を再開す
るにあたって不二家は，撤去した「ペコちゃん」を店頭に飾った。このように，
「ペコちゃん」は企業の代表として人々に謝罪し，再出発のセレモニーとして
の役割も担った。本来の責任者である社長や幹部たちが頭を下げるよりも「ペ
コちゃん」が謝罪した方が，人々の同情をひき，許してもらえたのである。つ
まり，「ペコちゃん」という企業キャラクターによって，商品販売の復活も助
けられたといえよう。

2　企業のキャラクター商品の活用

　キャラクターを商品に付することによって，商品の販売促進や，企業イメー
ジをあげるために使用されるケースがある。多くは新商品発売のキャンペーン
や限定商品など特別な商品に利用される場合である。たとえば，日本マクドナ

9）辻幸恵，梅村修，水野浩児（2009）『キャラクター総論─文化・商業・知財─』白桃書房，71頁を
　引用。そして72-81頁までは，朝日新聞，読売新聞，毎日新聞の3つの新聞がどのように不二家の
　事件をあつかったかを一覧表にまとめている。

ルド㈱では，2016（平成28）年4月15日からハッピーセットにトミカとサンリオキャラクターを起用した。同様に5月13日からはドラゴンボール超（ドラゴンボールスーパーと読む）とアイカツスターズを起用している。2019（令和元）年の夏にはリカちゃんが登場している。日本マクドナルドは商品を購入した場合のプレゼントとして活用しているので，これらのキャラクター商品はおまけである。おまけになったとしてもリカちゃんの知名度は高く，親世代も親しんだキャラクターである。ロングセラーのキャラクターは，世代を超えて親近感がある。

　他方，世の中には商品そのものにキャラクターが付随するもの，ラッピングやパッケージにキャラクターを使用しているものがある。たとえば，㈱東ハトはキャラメルコーンの赤いパッケージに「アンパンマン」を起用していた。また，「ポップコーン＆ピカチュウスナック」はその名前のとおり「ピカチュウ」をパッケージに印刷していた。「アンパンマン」は，やなせたかしが描く絵本であるが，現在も子供たちには人気が高い。東ハトだけではなく，菓子類やパン類のパッケージに使用されることが多く，フジパン㈱も「アンパンマンのミニスナック」シリーズとして8本入りのミニスナックパンのパッケージに使用していた。

　このように商品に関連づけてキャラクターを活用することは日本においては珍しいことではない。商品に親しみを持ってもらい，そして購入してもらうための方法のひとつとしてキャラクターを利用しているのである。人々に親しみをもってもらうために，つまり愛されるためにはどのようなことが必要であるかについて，近藤（2006）は「ヒットしているキャラクターに共通していることは，人に癒しを与えるものであったり，人を楽しませるものであったりと，なんらかのコンセプトやメッセージ性を持っているものが多いのも見逃せません」と述べている[10]。つまり，キャラクターを通じて伝えることの重要性を指

10）近藤健祐（2006）『100年愛されるキャラクターのつくり方』ゴマブックスなどのように事例をあげて，愛されるキャラクターを作る説明をしている本もある。

摘しているのである。パッケージにキャラクターを使用することは，メッセージとともに使用しているのである。フジパンのようにパンのパッケージに「アンパンマン」を使用することは，パンという製品上，抵抗は少ない。しかし，単純にそれだけではメッセージは伝わらない。「ミニスナック」は小さめのスナックパンで口どけがよく，幼児も食べやすい。楽しく，そして元気が出るようになるには「アンパンマン」とその仲間たちのパッケージはこの「ミニスナック」に合致しているのである。

5 　大学生たちの認知度が高い企業キャラクター

1 　調査の概要

　2017（平成29）年1月に関西圏に在住している大学生たち男女150人ずつ合計300人を対象に企業キャラクターの認知に関する調査を実施した。回収率は男子84%，女子78%となった。つまり，男子126人，女子117人に対して，自分の知っている企業キャラクターを列記してもらった。回収率が高くなったのは集合調査法を用いたためである。

　最初に彼らが知っている企業キャラクターの認知率の結果を図表4-2に示した。具体的な順位とキャラクター名，企業名，種類そしてそのキャラクターを回答した人数を記している。なお，回答は1人の学生がいくつも思い出す限りすべてを記してもらったが，一番多く回答した者で14，一番少なく回答した者が4であった。1位は森永製菓㈱のキョロちゃんのチョコボールとなった。150人を超えたのは5位までで6位は92人（37.9%）の伊藤ハム㈱のハム係長であった。7位以下は30%以下の数値になることと，大幅に人数が減るので図表4-2には6位までを示した。ちなみに7位は㈱NOVAのNOVAうさぎで71人（29.2%），8位は㈱明治のプッカで64人（26.3%）となった。これらは2000年以降にできた企業キャラクターである。若い学生たちにとってはなじみがあると考えたが，ここでの認知率は低かった。

図表 4-2　大学生たちが知っている企業キャラクター

n=243

順位	キャラクター名	企業名	種類	人数
1位	キョロちゃん	森永製菓㈱	チョコボール	184
2位	Qoo	日本コカ・コーラ㈱	ジュース	170
3位	カールおじさん	㈱明治	スナック菓子	164
4位	ペコちゃん	㈱不二家	洋菓子	160
5位	ドナルド	マクドナルド	ハンバーガー	151
6位	ハム係長	伊藤ハム㈱	ハム	92

（筆者作成）

注）マクドマルドはアメリカのチェーン店である。日本での営業などは日本マクド
　　ナルドホールティングス㈱がおこなっている。

　図表 4-2 からわかるように大学生たちは菓子をはじめ，コンビニエンススト
アなどでよく見かける商品を回答している。かつて子供の頃に見ていたであろ
うと思われる㈱ベネッセコーポレーションのたまちゃん，ひよちゃんなどは，
画像を見せると，どこかで見たことがあると多くの学生は回答するが，たまちゃ
んやひよちゃんというキャラクター名は出てこない。また㈱明治のマーブル
チョコレートは243人中170人が知っているという認知度の高い菓子だが，マー
ブルわんちゃんというキャラクターは知らないという回答が75％に達してい
る。マーブルわんちゃんは，マーブルチョコレートのキャラクターとして
1996（平成 8）年から採用されており，マーブルチョコレート内に，シールと
して同封されているが認知度は低い結果となった。

2　企業キャラクターの評価項目

　次に調査対象である大学生たちが，どのような企業キャラクターを評価して
いるのかに関する調査結果を図表 4-3 にまとめた。これは質問項目 14 項目に
ついて，5 段階尺度で得た回答をデータとし，その平均値を示している。5 段
階尺度においては 1：まったく評価しない，2：やや評価しない，3：どちらで
もない，4：やや評価する，5：強く評価するとした。評価するということは，
それが企業キャラクターにとって重要であると考えることだという注釈も付し
た。

図表 4-3　大学生たちが企業キャラクターとして評価をする点

n=243

項目	平均点	項目	平均点
かわいらしさ	3.80	全体の色	2.75
親しみやすさ	3.65	全体の形状	3.00
名前の覚えやすさ	2.80	モチーフ	3.85
想起させる由来	2.20	商品への想起	4.20
楽しい雰囲気	4.00	顔の表情（つくり）	3.72
企業名をつける	1.55	オリジナルである	4.00
ゆるキャラである	3.85	珍しさがある	2.74

（筆者作成）

　図表 4-3 に示されたとおり，評価の平均点が高かった項目は，商品への想起
（4.20）オリジナルである（4.00）楽しい雰囲気（4.00）であった。一方，評価の
平均点が低かった項目は，企業名をつける（1.55）とその企業を想起させる由
来（2.20）であった。ゆるキャラではかわいらしさが求められたが，ここでは，
かわいらしさは 3.80 となり，商品への想起やオリジナルよりも低い数値となっ
た。大学生たちが評価をしているところは，商品との結びつきであると考えら
れる。たとえば森永製菓㈱のチョコボールにはキョロちゃんがパッケージにあ
しらわれているが，キョロちゃんを見ただけで大学生たちはチョコボールを想
起すると言っている。同様に，明治のカールおじさんを見るとスナック菓子を
想起するという。食品ではカネテツデリカフーズ㈱のてっちゃんを見ると大学
生たちは，かまぼこであるという回答が多い。てっちゃん自身は 1951（昭和
26）年に誕生している。元気な男の子がコンセプトである。誕生して約 70 年
目のキャラクターは大学生たちの親世代にもなじみがあると考えられる。オリ
ジナル性を求めているのは，企業にとってはむしろ歓迎すべきことである。商
品の差別化を考えた場合，オリジナルであれば，まさに差別化に役立つからで
ある。モチーフとゆるキャラであることがともに平均値が 3.85 となった。モチー
フはデザインに直結している。動物型，植物型，昆虫型，人物など様々なモチー
フがあるが，企業として，何を打ち出すのかはその企業概念や商品にもかかわ
る。ゆるキャラであれば，圧倒的に動物型が多く，また形状は丸型が多いが，
企業が商品と結びつける場合にはその商品とのかかわりやイメージとキャラク

ターとの整合性が必要になる。企業そのものを想起させるために企業キャラクターを作るのであれば，企業の特徴や理念が反映されたようなモチーフが必要になる。

6 キャラクターと商品との結びつき

　先の節で述べたように企業キャラクターには2つのパターンがある。企業そのものの代表となることと，商品に特化したものである。㈱不二家には，様々な菓子があるが，「ペコちゃん」は個々の商品ではなく不二家そのものを想起させる。これと同様に，ゆるキャラでも「くまモン」は熊本県の代表であって個々の場所や商品を宣伝しているわけではない。同様に「ペコちゃん」は不二家の代表であり，シンボルなのである。一方，日清食品㈱の出前一丁のラーメンの袋に印刷されている「出前坊や」は，出前一丁だけのオリジナルキャラクターである。「出前坊や」を見れば，出前一丁を想起するが，日清食品そのものの想起は少ない。「出前坊や」は商品に特化したキャラクターなのである。

　企業は1つの商品だけで成立しているわけではない。江崎グリコ㈱はポッキーやプリッツというブランドを持っているし，㈱ブルボンもアルフォートやブランチュールというブランドを持っている。よって，いくつかの主力商品を揃えているといえよう。企業はすべての商品にキャラクターをつけるわけにはいかないので，主力商品のみにキャラクターをつけることが一般的である。あるいは新製品と共に，新しいキャラクターを作り，そのキャラクターに新製品をアピールさせることもある。いずれにしてもキャラクターと商品の結びつきが強ければ強いほど，商品が消えてしまえばキャラクターも消えてしまう運命にある。「カールおじさん」は，㈱明治のカールという商品のオリジナルキャラクターである。カールの発売がなくなれば「カールおじさん」も，使用されなくなるであろう。よって，企業の代表やシンボルにする場合も商品に特化させる場合も，どちらにもメリットとデメリットがある。

　図表4-4にキャラクターと商品との関係を示した。商品に特化すれば，その

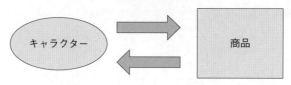

その商品に特化する

商品をキャラクターから想起する

図表 4-4　キャラクターと商品との結びつき　（筆者作成）

商品と共にキャラクターが消滅するが，新商品のたびに新しいキャラクターが誕生する。短命になるが，消費者を飽きさせないし，新鮮だという印象となる。また，商品に特化しているので，コンセプトが明確である。企業を代表してはいないので，モチーフの制約が少なくなる。一方，企業の代表にすれば，企業に不祥事がおこったときは不二家の「ペコちゃん」のように，企業の代表として謝罪もしてくれる。また，企業の全体的な売上貢献もしてくれる。何よりも消費者がそのキャラクターをみれば，企業名や商品を想起してくれる。ただ，事件などで悪いイメージがつくと，いつまでもそのキャラクターを見て，悪い印象を抱く消費者や不祥事を思い出す消費者も出てくる。

　多くの企業はキャラクターそのものを売っているわけではない。キャラクターから商品を想起してもらうことを狙っている。

7　パッケージ商品に対するアンケート

　調査の目的はキャラクターを使用したパッケージに着目し，それらがどのような効果があるのかを明らかにすることである。予備調査と本調査の2回に分けて実施した。

　予備調査は2016（平成28）年9月28日に実施した。対象は関西の私立女子大学3年生24人である。方法は24人を8人ずつ3つのグループに分け，企業キャラクターのパッケージに関するイメージについて話し合ってもらった。具体的には，どのような商品にパッケージされていると売れそうか，商品に向い

ているかなどをテーマとした。この時にノートパソコンを 3 台用意し，その場でキャラクターや商品情報などを検索できるようにした。

　その結果，企業キャラクターを使用しているイメージがある商品は飲料，食品類，菓子類となった。これらは 3 グループともに共通した意見であった。具体的に 3 グループともに，飲料では日本コカ・コーラ㈱の果汁入り清涼飲料水のキャラクターである Qoo（クー）があげられた。食品ではハムのパッケージに使用されていたハム係長があげられた。菓子類では江崎グリコ㈱のキャラメルで，ここにパッケージされていたゴールインマークがあげられた。また，これらの他には T シャツ，アクセサリー，鞄という意見もあった。T シャツにおいては，㈱ファーストリテイリングが有するブランドであるユニクロが過去にキューピー㈱とコラボ T シャツを作成し，企業キャラクターのキューピーをデザインしたものを販売していた。なお，ユニクロのキャラクターを使用したコラボ T シャツは珍しいものではない。2017（平成 29）年は，ミッキーマウスとのコラボ T シャツを販売している。

　本調査は 2016（平成 28）年 11 月下旬に実施した。対象は関西の私学大学の女子大学生 2 ～ 4 年生で合計 200 人である。対象者の平均年齢は 20.7 歳となった。方法は質問紙を使用し，集合調査法を用いた。200 人を対象としたが回収率は 86%（172 人）となり，ここから記述ミスを省いたので，有効回答数は 170 となった。なお，調査前に対象者に対してはアンケートの主旨，目的，データの取り扱いなどを説明した。主旨を理解し，調査に協力することを了承した学生たちを対象としている。ここではアンケートの回答方式として 5 段階尺度を使用した。尺度の意味は以下のとおりである。

　　1：まったくそうは思わない　　　　否定的
　　2：ややそうとは思わない
　　3：どちらでもない（わからない）
　　4：ややそうだと思う
　　5：たいへんそうだと思う　　　　　肯定的

図表4-5　30項目と平均値

n = 170

目立つ	3.87	かわいい	4.02	手にとりやすい	3.85	値段が安そう	3.68
限定品	3.85	子供向け	3.85	小分けできそう	3.01	わくわくする	3.34
珍しい	2.98	手が届く	3.76	ほほえましい	3.87	お土産になる	3.64
楽しそう	3.54	プレミア	3.75	高級感がある	2.20	買いやすい	3.21
優しい	2.97	地域密着	3.45	話題性がある	2.88	愛着がある	2.94
割高だ	3.04	明るい感じ	3.52	ほっとする	3.08	土地柄がある	3.02
下品だ	2.10	少量だ	2.78	幼稚だ	3.44	親しみやすい	3.94
快活だ	3.45	流行している	2.15				

注）小数点以下第3位を四捨五入した　　　　　　　　　　　　　　（筆者作成）

　数字が大きくなるほど，その質問内容に対して肯定的な意見となる。

　本調査ではゆるキャラのイメージ調査で使用した30項目を流用した。なぜならば，企業キャラクターもゆるキャラと同様に身近な存在であるからである。彼らも消費者に親しまれ，広告効果があると考えたので，前回の30項目を使用することにした。図表4-5に30項目とそれに対する回答を示した。

　図表4-5に示したとおり，平均値が高いもの，すなわちキャラクターのパッケージについてのイメージがあるものは，「目立つ」「かわいい」「手にとりやすい」「限定品」「子供向け」「ほほえましい」であった。逆に平均値が低いもの，すなわちそのようには思わないものは「下品だ」「高級感がある」であった。キャラクターを使用したパッケージは下品ではないが，高級感はないということである。

　次に1から5までの数値データを元に因子分析（主因子法）を実施した。その結果を図表4-6に示す。

　第1因子は「親しみやすい」「手にとりやすい」「手が届く」「かわいい」「子供向け」という項目から「親しみ」の因子と名づけた。第2因子は「楽しそう」「わくわくする」「ほほえましい」「明るい感じ」という項目から「楽しさ」の因子と名づけた。第3因子は「プレミア」「目立つ」「限定品」「珍しい」という項目から「限定的」の因子と名づけた。

　よって，キャラクターが付されたパッケージは女子大学生たちには，親しみやすく楽しい気分を与えることがわかった。また，限定品だというイメージも

図表 4-6　因子分析結果

n = 170

質問項目	第1因子	第2因子	第3因子	ネーミング
親しみやすい	0.801	0.108	−0.074	
手にとりやすい	0.780	0.208	−0.204	
手が届く	0.704	0.085	−0.190	親しみ
かわいい	0.640	0.076	0.003	
子供向け	0.532	0.100	0.005	
楽しそう	0.013	0.740	−0.090	
わくわくする	0.006	0.654	−0.015	
ほほえましい	0.004	0.601	−0.001	楽しさ
明るい感じ	0.015	−0.550	−0.032	
プレミア	0.001	−0.028	0.702	
目立つ	0.185	−0.019	0.645	
限定品	0.070	0.008	0.532	限定的
珍しい	−0.140	0.045	0.502	
寄与率	15.1%	13.4%	10.8%	

(筆者作成)

得られた。限定的だというイメージはまさに商品に特化している企業キャラクターには当てはまることである。

　次に記述式の質問として「どのような商品に企業キャラクターが付されていると良いと思うか，賛成，反対，どちらでもない（わからない）のいずれかを選択しなさい」を配した。本来であるならば，どちらでもない（わからない）という回答は避けた方がよいのであるが，ここでは商品を限定せずに質問をしている。よって，菓子類といっても，チョコレートをイメージする学生とキャラメルをイメージする学生がいる。品目内での商品を限定していないので，どちらでもない（わからない）というニュートラルな回答の選択肢も残しておいた。品目を細かに限定したとしても，チョコレートもキャラメルも種類が多いので，現実的にはどこかで，大まかにまとめなくてはならない。今回の質問では，細かな品目を議論していないので，図表4-7のような大きなくくりでの回答を得た（図表4-7）。

　図表4-7からは企業キャラクターとして受け入れられやすそうな商品は菓子類と飲料ということがわかる。女子大学生たちにとっては身近な商品である。文具は27％となり，菓子類，飲料に続いて賛成であった。文具も大学などで

図表4-7　企業キャラクターをつける対象品

単位：％

品目	賛成	反対	どちらでもない
菓子類	56	10	34
肉類	9	75	16
魚類	7	80	13
飲料	32	20	48
調味料	12	28	60
文具	27	13	60

（筆者作成）

使用する身近な商品ではあるが，菓子類や飲料と異なるところは，企業キャラクターではなく，すでに，ゆるキャラやアニメキャラクターたちが文具には多く使用されていることである。いわば人気のアニメやゆるキャラが進出しているところで，わざわざ文具のメーカーが自社のキャラクターで勝負することが望ましいか否かは各社の戦略による。

8　企業キャラクターをパッケージに使用した商品に関する実験

　2017（平成29）年6月5日と6日の両日に神戸市にある大学内の教室で実験を実施した。教室には長い机が12あり，片方に4人ずつ座れるスペースがある。ここで6人ずつのグループを4グループつくった。男子12人，女子12人でいずれも同性のみでグループを構成した。彼らは同じゼミナールかサークルに所属しているので，顔見知りである。1日目に各グループ40分間，目の前の机の上にある10個の商品を観察してもらった。自由に触ることも許した。それらの商品の感想を話しあってもらった。なお，5つはキャラクターを使用した商品で図表4-8に示した。残り5つは同じカテゴリーの商品ではあるが，企業キャラクターを使用していない商品とした。よって，5つには何らかのキャラクターがパッケージにあしらわれており，残り5つにはロゴなどはあっても企業キャラクターが載っていないものを用意した。2日目に全員を集めて集合調査法を用いた。

　結果はキャラクターのついた商品に気がついた者は12人中男子8人，女子

図表4-8　実験に使用した商品とキャラクター名

品目	会社名	キャラクター名	商品概要
菓子	㈱明治	マーブルわんちゃん	チョコレート
菓子	江崎グリコ㈱	ゴールインマーク	キャラメル
飲料	サントリーホールディングス㈱	なっちゃん	オレンジジュース
飲料	日本コカ・コーラ㈱	Qoo	ぶどうジュース
調味料	キユーピー㈱	キユーピー	マヨネーズ

（筆者作成）

11人であった。気はついたが，すべての企業キャラクター名をいえたものは，男子8人中2人のみであった。女子は11人中5人がいえた。男女ともに㈱明治のマーブルわんちゃんの名前が出てこなかった。気がついた男女すべてが名前をいえたのはペットボトル（飲料）のなっちゃん，Qoo，調味料のキユーピーであった。

　調査対象の人数が少ないので，ここでは男女差などの検証はしなかったが，女子の方が企業キャラクターに気がついた人数も多く，キャラクターの名前をいえることも多かった。

9　企業キャラクターに関するまとめ

1) 大学生たちの認知が高い企業キャラクターは1位が森永製菓㈱のキョロちゃん，2位日本コカ・コーラ㈱のQoo，3位㈱明治のカールおじさんとなった。ここからわかるように大学生たちは菓子をはじめ，コンビニエンスストアなどでよく見かける商品を回答している。

2) 大学生たちが企業キャラクターを評価するのは商品との結びつきである。調査から得た平均点が高かった項目は「商品への想起」（4.20）と「オリジナルである」（4.00）であった。

3) 企業キャラクターと商品との結びつきで考えられることは以下のとおりである。商品に特化すれば，その商品とともにキャラクターが消滅するが，新商品のたびに新しいキャラクターが誕生する。短命になるが，消費者には飽きさせないという要因となる。また，商品に特化しているので，コン

セプトが明確である。企業を代表してはいないので，モチーフも制約が少なくなる。

4）企業キャラクターのパッケージについては，3つの要因が得られた。第1因子は「親しみ」の因子，第2因子は「楽しさ」の因子，第3因子は「限定的」の因子と名づけた。よって，企業キャラクターをパッケージとして採用する場合には，少なくともこれらの3つの要因を備えているキャラクターであれば，受け入れられやすくなると考えられる。

5）女子大学生たちを対象とした調査結果から，企業キャラクターとして受け入れられやすそうな商品は菓子類と飲料ということがわかった。これらはどちらも女子大学生たちにとっては身近な商品である。なお，文具は27％となり，菓子類，飲料に続いて賛成であったが，すでに，ゆるキャラやアニメキャラクターたちが文具には多く使用されているので，ここにあえて参入する価値があるか否かは判断のしどころである。

これらの結果から，企業がキャラクターを有する場合，江崎グリコ㈱の「ゴールインマーク」のように企業そのものを想起させるものと森永製菓のチョコボールの「キョロちゃん」のように商品と密接な関係を保つものの2種類をそれぞれに有する方が得であることがわかる。企業そのものをあるキャラクターに任せれば，そのキャラクターから企業名をイメージしてくれる消費者が増えるであろう。企業キャラクターは時代が変わってもデザインを変えて存続させることが可能である。あたかも企業ロゴのような役割を担わせることができる。これに対して，商品に特化するキャラクターのメリットは次のとおりである。商品は新商品も次々に開発される。売れ行きが悪くなれば生産中止にもなる。よって，商品と密着な関係があるキャラクターはその商品に特化して，その商品がなくなれば消えていく役割であると割り切ることが必要である。新製品の間は話題になるであろうし，キャラクターが販売促進の役に立つであろう。企業の代表となるキャラクターと商品に特化したキャラクターの2つのタイプのキャラクターを使い分けることによって，定番と流行とのバランスをとりながら，企業はキャラクターをより有意義に活用することが可能になる。

一方，消費者の代表として調査対象とした大学生たちは，企業キャラクターであれば商品との結びつきを評価していることがわかった。つまり，かわいらしさが優先されるゆるキャラとは異なるのである。しかし，大学生たちがキャラクターを肯定的に見ていることもうかがえ，彼らの中で認知が高い企業キャラクターも存在していることもわかった。身の回りの商品から企業キャラクターを用いて，アピールする戦略は少なくとも，大学生たちには有効であると考えられる。

　本章の出所は以下の論文を中心とし，そこに追加調査分の加筆・修正を加えた。
辻幸恵（2015）「若者に好まれるキャラクターの要因」『神戸学院大学経営学論集』
　　Vol.12, No.1, pp.1-14

【参考文献】

荒木長照, 辻本法子, 田口順, 朝田康禎等（2017）『地域活性化のための観光みやげマーケティング―熊本のケーススタディ―』大阪公立大学共同出版会
いとうとしこ（2016）『売れるキャラクター戦略』光文社
小田切博（2010）『キャラクターとは何か』筑摩書店
熊本県庁チームくまモン（2013）『くまモンの秘密―地方公務員集団が起こしたサプライズ―』幻冬舎
香山リカ（2002）『若者の法則』岩波書店
近藤健祐（2006）『100年愛されるキャラクターのつくり方』ゴマブックス
辻幸恵（2002）「キャラクター商品に対する購入基準とその魅力の要因分析―女子中学生とその母親の場合―」『京都学園大学経営学部論集』Vol.11, No.3, pp.37-63
辻幸恵（2012）「キャラクターに対する嗜好度」『神戸国際大学経済経営論集』Vol.32, No.2, pp.1-20
辻幸恵（2014）「ゆるキャラに対する好悪の実態調査」『繊維製品消費科学』Vol.55, No.12, pp.51-59
辻幸恵（2016）「キャラクター商品に対する好みの比較―日本人大学生と留学生とのケース―」『神戸学院大学経営学論集』Vol.13, No.1, pp.1-17
辻幸恵, 梅村修, 水野浩児（2009）『キャラクター総論―文化・商業・知財―』白桃書房
野村昭（1987）『社会と文化の心理学』北大路書房
みうらじゅん（2009）『全日本ゆるキャラ公式ガイドブック』扶桑社
森永卓郎（2005）『萌え経済学』講談社

山田徹（2000）『キャラクタービジネス』PHP 研究所
四方田犬彦（2006）『「かわいい」論』筑摩書房

付　　録
2006 年以降のキャラクターに関する口頭発表のタイトルと年次を以下に示す。

年月日	タイトル・会場	学会・大会名
2006 年 5 月 27 日	「キャラクター商品に対する幼稚園児の選好」 会場：秋田大学	日本家政学会第 58 回年次大会
2006 年 6 月 13 日	「キャラクターの形状変化に伴う認知」 会場：タワーホール船堀（東京）	繊維学会 2006 年年次大会
2007 年 6 月 6 月 22 日	「丸型キャラクターが好印象をつくる要因」 会場：タワーホール船堀（東京）	繊維学会 2007 年年次大会
2010 年 6 月 16 日	「ゆるキャラから感じるゆるさの度合い」 会場：タワーホール船堀（東京）	繊維学会 2010 年年次大会
2013 年 6 月 12 日	「企業キャラクターから想起される企業イメージ」 会場：タワーホール船堀（東京）	繊維学会 2013 年年次大会
2015 年 6 月 6 日	「好まれるゆるキャラの要因とその活用戦略」 消費者行動研究コンファレンス，会場：神戸大学	日本消費者行動研究学会第 50 回
2016 年 3 月 14 日	"The effect of Yuru-Kyara（Mascot Characters）What's attractive about cuddly mascots?" International Conference on Business, Economics and International Technology, ICBEIT 2016, Nagoya, Japan（名古屋大学）	
2017 年 3 月 9 日	"An analysis of products using mascot characters" International Conference on Business, Economics and International Technology, ICBEIT 2017, Tumon, Gaum	
2017 年 6 月 24 日	「ゆるキャラのパッケージ効果」 会場：京都女子大学	日本繊維製品消費科学会年次大会

第5章　アート・マーケティング

1　アート・マーケティングのとらえ方

　アート・マーケティングは，アート的な要素を加えて製品やサービスをより良く販売するための工夫であるといえる。よって，アート作品を販売するのではない。アート作品を販売するのは画商である。既存の製品やサービスにアート的な要素を加え，そこに新しい価値を付けて売ることがアート・マーケティングである。よって，「アイデア」や「見立て」が重要になるマーケティングといえよう。その範囲は広く，応用ができることもアート・マーケティングの特徴である。

　ここでは，アート・マーケティングを2つに分けて考える。一つ目はアート的なイベントでの工夫や地域活性化のためにアート的な要素を利用することである。二つ目はアートではなく既製品であるものに，独自性を持たせアートらしさを加える工夫をして販売する方法である。既製品を大量生産し，それらを大量消費していた時代とは異なり，現在では単なる機能を満たすだけのものは100円均一ショップで販売されることが多い。レベルの差はあるが，何かしら付加価値を求めている消費者が多いということである。その付加価値の中にアートの要素も含まれている。

　辻，梅村（2006）は現在の日本において，「家電や雑貨や文房具のような小さいものから，自家用車のような大きなものまで，色や形や線に卓抜な冴えを見せる商品が増えてきている」と述べた[1]。我々は日常的にアートにふれてい

ることになる。その例として，2015（平成27）年の㈱ファストリテイリングが有するUNIQLOの「UT」（グラフィックTシャツブランド）をあげることができる。河股（2019）によると「春夏シーズンで約35コンテンツ，1200色柄以上のバリエーション」のTシャツを発売したのである[2]と説明されている。「全てのTシャツが店頭に陳列されることはないかもしれないが，それでも数多くのTシャツが店頭に陳列されている」と河股は続けている。このように色のバリエーションの豊富さは，UNIQLOを有している㈱ファーストリテイリングの技術力と，それらを求めている消費者ニーズへの対応である。1200色柄以上のバリエーションは，まさにアートの領域なのである。

　このバリエーションの豊富さはTシャツに限ったことではない。世の中にはアパレル製品以外にもバリエーションが豊富なものがある。また製品ではないが，大阪府がリストラを行うほど多くなったゆるキャラも同様にバリエーションが豊富である[3]。ゆるキャラは地域のイベントには欠かせない存在である。次節でイベントにおけるアート効果のひとつとしてゆるキャラを例示する。

1）辻幸恵，梅村修（2006）『アート・マーケティング』白桃書房，1頁引用。続きには，「電車の吊り広告やテレビコマーシャルにも，ハッと息を呑むような色使いや洒落たタイポグラフィーがいっぱいだ。コンビニに並ぶ雑貨や食料品のパッケージにも，アイドルのクリップやプロモーション・ビデオにも，まばゆいばかりの映像と音の効果が満ち満ちている」とある。
2）河股久司（2019）「豊富な選択肢がもたらす知覚多様性に関する研究の整理」『繊維製品消費科学』Vol.60, No.6, 25頁引用。知覚多様性については「知覚多様性は，店頭やECサイト上に陳列されている製品数の多さではなく，製品を閲覧している消費者が知覚する多様性の度合いである」と説明している。
3）日本経済新聞，2015年4月4日夕刊第1面に「地方自治体が広報やPRに使用するマスコットキャラクターの活動を見直す動きが出てきた。」と記載されていた。「ゆるキャラ」ブームにより各地でキャラクターが乱立した結果，多くは知名度アップに苦戦するという内容が書かれており，乱立することによって名前などを覚えきれない現実と，地域の特徴がわからないこと，さらに差別化をはかるためにゆるキャラが同じような感じになってしまっていることが指摘されている。

1 概　　要

　各地のイベントにはゆるキャラたちが応援にやってくる。このゆるキャラたちもアート・マーケティングの活用事例で，彦根市の「ひこにゃん」[4]や熊本県の「くまモン」[5]が例示できよう。ひこにゃんやくまモンは彼らを利用した自治体や企業の収入に大きく貢献しているのである。

　さて，ゆるキャラのコストは主に製作費用と維持費用の2つである。製作費用はデザインをはじめ，着ぐるみの製作，登録費用などである。維持費用は着ぐるみのメンテナンス，活用時にかかる諸経費，広報費などである。なお，ゆるキャラという名称はみうらじゅん氏が命名し，「どこかゆるい感じがするマスコットで着ぐるみが多く，地方自治体主催のイベントや町おこしなどに活用される」と定義している[6]。

　ゆるキャラの代表的なイベントとして「ゆるキャラグランプリ」があげられる[7]。このイベントでは全国のゆるキャラがエントリーをし，人気投票で1位を決定する。投票は会場での投票以外にもインターネットからも可能なため，その票数は何十万票にも及ぶ。グランプリにおいて，過去の優勝者は2011年「く

4）ひこにゃん公式サイト http://hikone-hikonyan.jp/ のプロフィールによると，「彦根藩二代藩主である井伊直孝公をお寺の門前で手招きして雷雨から救ったと伝えられる「招き猫」と，井伊軍団のシンボルともいえる赤備え（戦国時代の軍団編成の一種で，あらゆる武具を朱塗りにした部隊編成のこと）の兜（かぶと）を合体させて生まれたキャラクター」と紹介されている。

5）くまモンオフィシャルサイト http://kumamon-official.jp/ の自己紹介欄には「2011年3月の九州新幹線全線開業をきっかけに生まれたんだモン。ボクの仕事は，身近にあるサプライズ＆ハッピーを見つけて，全国のみんなに知ってもらうこと。熊本だけでなく関西や関東にも出張して，熊本のおいしいものや大自然を熱烈アピール中！」と書かれてある。つまりくまモンは熊本のことを広報する役割を担っているのである。

6）みうらじゅん（2009）『全日本ゆるキャラ公式ガイドブック』扶桑社のあとがきに記されている。なお，この本のカバーの裏表紙には，みうらじゅん氏の略歴が次のように記載されている。「1958年2月1日京都生。武蔵野美術大学在籍中に漫画家デビュー。以来，漫画家，イラストレーター，ミュージシャン，プロデュース業などさまざまな分野で活躍」とある。

まモン」（熊本県），2012年「いまばり バリィさん」（愛媛県），2013年「さの
まる」（栃木県），2014年「ぐんまちゃん」（群馬県），2015年「出世大名家康く
ん」（静岡県），2016年「しんじょう君」（高知県），2017年「うなりくん」（千
葉県），2018年「カパル」（埼玉県），2019年「アルクマ」（長野県）であった。
グランプリで優勝をはたせば，全国的に有名になれる可能性がある。そのこと
によって，地域の知名度も上がるのである。

　さて，ゆるキャラは地域や地域のイベントと密接な関係にある。多くは地域
の歴史に関係がある動植物や名産品を想起させるものである。あるいは歴史上
の人物である。いわば，その地域を代表しているものをデザインすることが多
い。たとえば，愛媛県はみかんが特産物である。愛媛県のゆるキャラの「みきゃ
ん」は，耳は緑色でみかんの葉をモチーフ，体全体はオレンジ色でみかんを想
起させる。奈良県の「せんとくん」は，頭には鹿の角を有している童子で，奈
良の鹿や寺などを想起させる。地域の名産品はゆるキャラを媒体として，他地
域に，あるいは全国に販売されていく。ゆるキャラは単なる着ぐるみではなく，
地域の特徴をデフォルメし，販売促進のための広告塔である。そしてゆるキャ
ラは動くアートでもある。そのデフォルメされた形は，地域を表現しているだ
けではなく，親近感や美を感じる対象にもなるのである。ゆるキャラのデザイ
ンそのものがアートの領域である。

2　ゆるキャラグッズ

　さて，ゆるキャラのアート性はそのグッズ展開による。「かわいい」と人々
が感じ，個性的，地域に合致しているなど，その地域の人々に受け入れられる
ようであれば，まずは成功である。アート性の強いものは収集，つまりコレク
ションの対象にもなりえるので，グッズ展開することは，その機会を増やすこ

---

7) ゆるキャラグランプリとはゆるキャラたちの年に一度のお祭りであると定義されている。グランプ
　リでは3つのテーマを掲げている。①ゆるキャラで地域を元気に，②ゆるキャラで会社を元気に，
　③ゆるキャラで日本を元気に，である。参考としてゆるキャラグランプリの公式ホームページを引
　用した。http://www.yurugp.jp/about/

とにもなる。

　さて，2014（平成 24）年の調査において，ゆるキャラのグッズに関しての意識について 30 項目の質問を設定した。調査対象は関西圏に在住の男子大学生 100 人，女子大学生 100 人の合計 200 人である。いずれも文系の私立大学に在籍している 3 年生である。

　これらの質問に対する回答は 5 段階尺度とした。5 段階尺度の意味は 1：まったくそのように思わない，2：ややそのように思わない，3：どちらでもない（わからない），4：ややそのように思う，5：たいへんつよくそのように思う，とした。結果を図表 5-1 に示した。なお，この平均値は男女を合算しての結果である。

　図表 5-1 内で得点が高かった項目は「かわいい（4.5）」「楽しい（4.0）」「アートだ（4.0）」「地域貢献（4.2）」であった。いずれも 4.0 以上で，ゆるキャラのグッズにはこれらの要因が必要であることを裏付けている。特にゆるキャラにはかわいらしさが求められていることがわかる。一方，得点が低かった項目は「ス

図表 5-1　ゆるキャラのグッズを所持することに対する意識

単位：点

項目	平均値	項目	平均値
かわいい	4.5	目立つ	2.5
アートだ	4.0	地域貢献	4.2
スタイリッシュ	1.5	珍しい	1.5
個性的だ	2.0	奇抜だ	2.0
おしゃれだ	2.5	癒される	3.5
きわだった特徴ある	1.8	便利だ	2.5
他にはない魅力がある	3.8	役にたつ	3.0
話題性がある	2.5	楽しい	4.0
所有することがうれしい	2.8	若々しい	3.8
時代を切り開いている	1.5	自慢できる	3.5
自分に似合っている	3.5	安価だ	2.8
フィーリングが合う	2.4	美しい	3.1
気に入っている	3.8	定番だ	3.8
思い入れがある	3.4	集めたい	2.4
好きである	3.6	高品質	2.0

出典：辻幸恵（2015）「若者の好まれるキャラクターの要因」『神戸学院大学経営学論集』Vol.12, No.1，8 頁「表 4　ゆるキャラのグッズを所持することに対する意識」を引用，加筆

図表 5-2 ゆるキャラグッズに関する調査結果

n = 200

質問項目	2014 年	
	男子	女子
キャラクターグッズの所持率	38%	65%
1 人あたりの所持個数平均	0.5 個	2.0 個
キャラクターグッズの使用に賛成	45%	70%
キャラクターグッズのギフトに賛成	60%	85%
キャラクターグッズをお見舞いにするに賛成	30%	40%

（筆者作成）

タイリッシュ（1.5）」「時代を切り開いている（1.5）」「珍しい（1.5）」であった。
ここで，ゆるキャラグッズの所持率の調査結果を図表 5-2 に示す。

　図表 5-2 からわかることは，ゆるキャラグッズに対しての女子の所持率の高
さである。65％の女子がグッズを所持しているのである。また，男女ともにグッ
ズにもギフトにもゆるキャラのグッズを使用することに賛成していた。

3　ゆるキャラに対する大学生たちの認知度

　辻は 2014（平成 26）年 7 月と 2019（令和元）年 7 月に関西圏に在住している
大学生を対象としてゆるキャラの認知度を調査した。認知状況を図表 5-3 に示
した。

　いずれの年も調査対象は 40 人（男女各 20 人）で集合調査法を用いた。ゆるキャ

図表 5-3　ゆるキャラに対する認知度

%

ゆるキャラ名	2014 年			2019 年		
	名前	出身地	好感度	名前	出身地	好感度
ひこにゃん	100.0	100.0	100.0	100.0	100.0	100.0
くまモン	100.0	100.0	100.0	100.0	100.0	100.0
家康くん	60.0	50.0	30.0	50.0	50.0	20.0
さのまる	90.0	83.3	97.5	90.0	80.0	100.0
ぐんまちゃん	70.0	100.0	97.5	80.0	100.0	100.0
ふっかちゃん	47.5	60.0	100.0	40.0	40.0	100.0
与一くん	32.5	50.0	27.5	10.0	10.0	20.0

出典：辻幸恵（2015）「若者の好まれるキャラクターの要因」『神戸学院大学経営学
　　　論集』Vol.12, No.1，9 頁「表 5 ゆるキャラに対する認知度」に新しいデータ
　　　を加筆

ラはパワーポイントを用いて写真を見せて，調査対象たちが思い違いをしないように配慮をした。図表5-3内の家康くんは出世大名家康くんが正式名称である。

　2014年も2019年もともにひこにゃん，くまモンの名前，出身地，好感度がすべて100％であった。この2つのゆるキャラは認知度が高いといえる。一方，与一くんは好感度が2014年では27.5％，2019年では20.0％で表内では一番低い数値となった。与一くんは栃木県大田原市観光協会が有しているキャラクターで，那須与一宗隆が幼少期を過ごした地であることが由来である。ゆるキャラに対する認知度をみるかぎり，ひこにゃんやくまモンを知らない学生はいないし，好感度も100％で高い。いかにひこにゃんやくまモンが学生たちに受け入れられた存在であるかということが理解できる。ただし，図表5-3から，家康くんや与一くんのようにモチーフが人物になると人気が下がる傾向が見られる。いわば人物画が個人的な要素が強いように，ゆるキャラになった場合も人物のデフォルメが広く受け入れられることが，むずかしいことがうかがえる。

4　ゆるキャラの好まれる要素と活用への道

　ゆるキャラが多すぎるとはいえ，今後も地域活性化のために新しく作ろうとする動きはどこにでもある。できれば長く人々に愛されるキャラクターを作りたいと誰もが思っているはずである。形状，認知，好悪の各調査から，より普及しやすい要素を含むゆるキャラの特徴を以下に示す。

　1）目は顔の上方よりも，やや下方がよい。

　2）全体的には丸型がよい。

　3）動物型が好まれやすい。

　4）2～4等身のバランスの方が好まれやすい。

　5）体全体ではなく，どこかに赤い色か黄色がある方がよく，暖色のアクセントの方がよい。

　6）リアルな表現よりも，ゆるい表現の方が受け入れられやすい。

　7）外国人向けのキャラクターは「かわいい」と思えるサイズ感は考慮しな

くてもよい。

　（熊，象，ワニ，ライオンのような大型のモチーフでもかまわない）

8）パッケージとして使用するのであれば大柄よりも小柄である方がよい。

9）パッケージとして全体の配色が重要であり，キャラクターの背景の色や絵柄も消費者にアピールするためには考察が必要である。

10）地域を想起しやすい名前にする。

11）誰にでもわかる名前にする。

12）覚えやすい名前にする。

13）アート性をもたせる。

14）インパクトをもたせる。

　これらの特徴は近藤（2006）の示唆にも合致している。特に動物型に関しては，実際に好まれている事例として，猫型の「ひこにゃん」，熊型の「くまモン」，馬型の「ぐんまちゃん」などがあげられる。これらはいずれも全体的に丸型にも近い。また，「くまモン」は丸くて赤い頬を有しており，それが全体的に黒い体の中で「かわいい」要素となっている。赤，白，黄は特に幼稚園児には好まれる色である。これらの色は人気のあるゆるキャラには多く見られる色でもある。「ひこにゃん」は体が白，かぶとが赤，かぶとの先の部分は黄色である。島根県の「しまねっこ」や愛媛県の「バリィさん」もともに体は黄色である。

　さて，ゆるキャラを好まれる形状に製作したとしても活用しなければ，効果は生まれない。祭りやイベントに参加するだけではなく，その地域のランドマーク，シンボルマークにならなくては意味がない。そのためには人々への認知は不可欠である。多くの場合，地域で採用するためには公募をして，ゆるキャラのデザインの参考にしている。公募することによって，関心をひき，ひいては地域とゆるキャラの結びつきを理解してもらえるのである。しかし，そのままの採用では素人の域をこえないので，アート性をもたせるためにプロのデザイナーに仕上げを任せる方が好ましい。美しさやバランスだけではなく，インパクトも必要であるので，デフォルメするからである。

　活用事例を増やすことも重要である。バスや電車の交通機関の停車場や時刻

表に配置することも考えられる．また，公共の建物には案内板に配置することも例示できる。地域の人々の目にもふれることが，ひいては他県への認知も高めるのである。そのためには，原形を残しながら，より幅広いアート的要因（色，柄，デザイン）を付加しながら拡張していくことが必要になる。

　ゆるキャラを使用した商品のパッケージでは，背景に何を描くのかによって，ゆるキャラの良さを引き出すことができ，より芸術性を高めることに役立つのである。

3	各地のアート的なイベントと広告

1　各地のアート的なイベント事例

　ここでは，各地のアート的なイベント事例を3つあげる。これらを図表5-4に示した。神戸市は「神戸ビエンナーレ」を開催してきた。今は，「078」を開催している。「078」は神戸の市外局番である。ビエンナーレは2年に1度の割合で開催されるアートイベントであった。これは1995（平成7）年1月の阪神淡路大震災の復興のひとつとしての芸術活動であったといわれている。2007（平成19）年に第1回が開催され2015年まで続けられた。今は「078」活動を神戸市が推奨している。この祭りの特徴は，ハイアートだけではなく，大道芸，生花，洋菓子，児童絵画というように，芸術を大きな枠組みでとらえたことである。市民にも参加をよびかけ，コミックイラストなど現代文化も取り入れたところに功績がある。また，国際性をもたせたことも大きな特徴である。形式にとらわれず，敷居の低さと若者の才能の発掘の場にも活用された。

　西宮市の「野外アートフェスティバル in にしのみや」も有名である。これは神戸市のようにダイレクトにアートと結びつくイベントというよりも，市民がアートを楽しむイベントである。西宮市野外文化事業として毎年開催されている。会場は西宮市役所前の六湛寺公園で毎年10月中旬の土曜日と日曜日の2日間，開催されている。特にワークショップは小学生を中心とした子供たち

が対象である。各ブースの中に用意された素材を使用して，手作りの作品を仕上げていくのである。素材を提供する側は大学，自治体，芸術家などで，帽子，笛，万華鏡，ロケット，アクセサリーなど子供たちが喜びそうなものがそろっている。昨今のハンドメイドブームを反映して，ここでもプラバンは子供たちに人気が高かった。この試みは 2019（令和元）年で第 28 回となった。また，ノコギリを使う本格的な丸太切りやミニコンサートも同時開催され，歌やダンスなども鑑賞できる。第 27 回（2018 年）では「書と絵のパフォーマンス」や「アートフラッグ展示」がなされた。メインモニュメントでは「漢字の成り立ちを学ぼう，書こう」コーナーが設置された。また，アートフリーマーケットでは，洋服，古着，アクセサリー，インテリア，絵葉書など様々なものが販売されている。

　あいちトリエンナーレは，名前のとおり 3 年に 1 度，愛知県で開催されている。現代アートが中心である。国際展や映像プログラムなどと現代アートとの融合によって，ダンスや演劇が披露される。もちろん，音楽や舞台もあり総合的なアートを楽しむことができるのである。この試みは 2010（平成 22）年から開始され，2019 年で 3 回目となった。2019 年のテーマは「情の時代」であった。具体的には名古屋市と豊田市の 4 つの場所で開催された。それらは愛知芸術文化センター，名古屋市美術館，四間道・円頓寺，豊田市美術館・豊田市駅周辺である。企画として国際現代美術展では国内だけではなく，海外からの展示もあり，66 組のアーティストの作品が展示された。音楽の方面でもポピュラーミュージックを中心とした 6 つの企画が用意された。多くの人々に親しみやすいようにポピュラーミュージックが配されたのである。円頓寺デイリーライブではその名前のとおり，日替わりでアーティストがパフォーマンスをくりひろげる。映像プログラムでは 14 の団体が参加した。そして，15 本の映画が2019 年 9 月 15 日から 9 月 29 日にかけて順次，上映された。

　ここでこれらのタイプの異なるイベントを図表 5-4 にまとめ，それぞれの特徴を示した。神戸型は市民の参加をうながしつつ，参加者が何かしらアート的な要素を有している。これに対して西宮型は，提案者はアートにかかわる者で

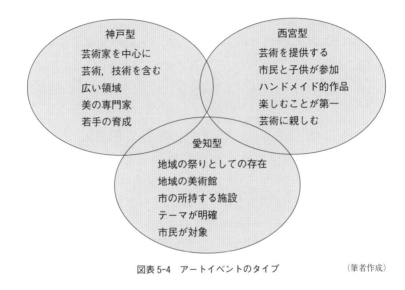

図表 5-4　アートイベントのタイプ　　　　　　　　　（筆者作成）

あっても，参加者は市民であり，子供たちである。ここには子供たちにアート
にふれてもらうという目的があり，教育的な意味がある。よって，ブースにも
近隣の大学からの参加が多い。その大学も必ずしも芸術系ではなく，教育系，
経営系など様々である。愛知型は地域の美術館とのつながりが強い。テーマも
そのつど明確である。市の協力が前面的に出ている。

2　アートと広告

　イベントの開催を告知するためには広報，広告が必要である。単に場所と時
間がわかればよいというレベルではなく，人々に興味を持ってもらう必要があ
る。
　アイドマ（AIDMA）の法則は人々に注意を与えて購入までのプロセスを段階
的に説明している。この法則は 1920 年に提唱された。アイドマは英語の頭文
字の組み合わせである。Attention（注意），Interest（興味），Desire（欲求），
Memory（記憶），Action（行動）である。これは人々が購入するという行動に
踏み切るまでの心理状態を示している。最初に「Attention：注意」があるが，

これはたとえば大きな音がした時に自然に音の方を見る行為と同じレベルである。瞬間的な反応に近い。いわば目を引くということである。これを認知の初段階としている。次に目を引いたものに興味や関心があるかどうかがポイントになる。もしも興味あるいは関心があって，それを欲しいと思えば，次にその名前，メーカー，特徴を記憶しようとする。ここまでの興味，欲求，記憶の3つのプロセスは感情段階としている。その記憶を頼りに人々は製品やサービスを探して購入するのである。購入は行動段階としている。よってアイドマは認知，感情，行動の3段階を経ているともいえる。この流れは100年たった今でも人々の変わらない心理と行動なのである。アイドマの法則はサミュエル・ローランド・ホールが提唱したとされているが，彼は学者ではなく実務家であった。宣伝広告に対する人々の心理について述べたのである。

　人々に認知させる行為が広告である。さらに感情段階で良い感情を抱かせることも広告の力である。広告はダイレクトに製品の名前や性能を述べるだけの告知のようなものもあれば，映像美にこだわり，広告というよりも映画のようなストーリー性の高いものもある。どちらの作り方が良い，あるいは悪いわけではないが，アート的な広告の影響は高いと考えられる。なぜならば，単純に製品の名前を覚えることよりも，何か意味のある方が覚えやすい。また，印象がないものよりも，印象深いものの方が覚えやすい。最初に認知をさせることを考えた場合，クオリティのより高い映像，デザイン，キャッチコピーの方が人々の認知度が高いと考えられるからである。

　梅村（2017）がおこなった実験では近畿大学のイメージのほとんどが「まぐろ」であった。これは近畿大学がオープンキャンパスで大々的に「まぐろ」をアピールしてきたからである。その他の多くの大学のポスターが，大学生たちの心に残っていなかったにもかかわらず，98%の者が近畿大学とまぐろを結びつけて認知していたのである。大学の広告では，大学の建物，風景，学生たちの写真というモチーフが多い。まぐろという魚が突出して目立ったので認知度が高まったと考えられる。異様なもの，突出したものはAttention（注意）をひくことはできるが，次の段階には好悪の感情も含まれる。そこで嫌いだと判断され

た場合，欲しいという段階にはならないのである。

　アート的な要素を配した広告のむずかしい点は，目を引くが，そこから先の感情段階での好悪ができることである。つまり，製品の名前や特徴だけを提示するのであれば，そこに好悪の感情は入りにくい。しかし，奇抜なものやストーリーを持たせることによって，演じる俳優への感情や物語の展開など，あらゆるところに好悪の入る余地ができてしまうのである。それがアートになればなるほど，理解できる，できない，好き，嫌いというように分かれてしまう可能性ができてくる。

---

4 | 見立てのアート

　見立てとは本来の用途とは異なる使い方を考案し，本来の姿とは異なるところに価値を見つけることである。たとえば，牛乳瓶を一輪挿しに見立てて，花を入れて飾るようなことである。本来，牛乳瓶は牛乳が入っている。空になれば単なる瓶でしかない。そこに花を入れることによって，一輪挿しに見立てるという工夫なのである

　重ね着なども見立てのアートに通じている。男性が履くロングスカートのように見えるズボンなども，女性ものに見立てたオシャレなのである。店舗内の空間をいかすための，インテリア，照明，窓のすべてが，その空間を演出するためにある。石鹸を置物として見立てることも，香りとのコラボという新しい価値を置物に付加させているのである。見立ては工夫なのである。しかし，美を理解していないものには見立てはできない。用途や機能からはイメージがわかないからである。捨ててある瓶や缶であっても，そこに見立てが入れば，アート作品になり，高額になることがある。なお，古着や古物をあつかって新しい価値を付加するが，骨董は見立てではない。骨董は古物そのものの価値を認めているのである。

5　アート・マーケティングの本質と今後

　アート・マーケティングはエシカル（倫理的な）消費にも通じることができる。たとえば，くたびれた古着を捨てるのではなく，布地を足したり，ボタンを変えたりすることは，従来では「もったいない」という意識からの行為であった。この「もったいない」という意識のほかに，新しい価値観によって，再生することがアート・マーケティングなのである。アート的な要素を付加すると，単なる古着を再び着ることのできる状態に戻して着るだけではなくなり，美やメッセージを表現できる。

　また，無駄やロスをなくしたエシカル消費は，消費者の意識だけではなく，売り手側の工夫も必要である。先に牛乳瓶の一輪挿しを例示したが，身の回りにあるものを再利用することは，地球環境にも良いのである。また，わざわざ一輪挿しを購入する手間（時間）や金銭も不要になる。瓶に少し色をつければ，オンリー・ワンの作品にもなる。このオンリー・ワンの製品こそが，アート・マーケティングの本質である[8]。

　世の中はハンドメイドブームが続いているが，そもそもハンドメイドの魅力の中にはオンリー・ワンの要素がある。世界の中でたったひとつのものだということが価値に繋がるのである。オリジナルに対して，人々の評価は高いのである。

　利便性やスピードを追い求めてきた戦後の日本人にとって，付加価値を製品やサービスに求めることは，利便性やスピードではない。すでにそれらは明確になされ，どのような製品においても利便性などが追求されつくしているからである。従来のような便利さはないかもしれないが，エコスタイルな生活やエコシステムの導入などは社会が望んでいることであるし，それを気づかせ，市

8）梅村修が2017年日本繊維製品消費科学会（会場：金城学院大学：名古屋）の年次大会で口頭発表をした内容である。対象者は関西圏に在住している大学生であった。学生たちはオンリー・ワンのクロックスにするために，わざわざ別売りのボタンを購入することを例示した。

場に育てていくこともアート・マーケティングの使命である。

　本章の出所は以下の論文を中心に新しいデータを加算し，修正・加筆をした。
辻幸恵（2016）「キャラクター商品に対する好みの比較―日本人大学生と留学生との
　ケース―」『神戸学院大学経営学論集』Vol.13, No.1, pp.1-17

【参考文献】

青木貞茂（2014）『キャラクター・パワー』NHK 出版

亀山早苗（2014）『くまモン力』イースト・プレス

河股久司（2019）「豊富な選択肢がもたらす知覚多様性に関する研究の整理」『繊維製
　品消費科学』Vol.60, No.6, pp.25-30

熊本県庁チームくまモン（2013）『くまモンの秘密―地方公務員集団が起こしたサプ
　ライズ―』幻冬舎

齊藤孝浩（2014）『ユニクロ対 ZARA』日本経済新聞出版社

田村正紀（2017）『贅沢の法則』白桃書房

辻幸恵，梅村修（2006）『アート・マーケティング』白桃書房

辻幸恵・梅村修・水野浩児（2009）『キャラクター総論―文化・商業・知財―』白桃
　書房

辻幸恵（2013）『こだわりと日本人』白桃書房

原田曜平（2015）『新・オタク経済』朝日新聞出版

みうらじゅん（2006）『ゆるキャラの本』扶桑社

山田徹（2000）『キャラクタービジネス』PHP 研究所

Alba, J.W., J.W.Hutchinson and J.G.Lynch（1991），" Memory and Decision Making," in T.S.
　Robertson and H.H.Kassarjian eds., *Handbook of Consumer Behavior*, Prentice-Hall, pp.1-
　49

Lynch, J.G. Jr. and T. K.Srull（1982），" Memory and Attentional Factors in Consumer Choice:
　Concepts and Research Methods," *Journal of Consumer Research*, Vol.9, No.1, pp.18-37

第6章　ソーシャル・マーケティング
──フェアトレードの事例──

1 ソーシャル・マーケティングの意味

　企業の社会的責任 CSR（Corporate Social Responsibility）という言葉はすでに耳慣れた言葉となった。企業は社会の中で存在し，その一員としての責務があるという考え方である。従来から，マーケティングは 4P である製品，価格，プロモーション，流通などの各政策を通じて消費者との関係を保っていた[1]。その消費者も現在は，単純に製品やサービスを消費するだけではなく，社会での生活を営む環境の中で市場（マーケット）をとらえている。つまり，消費者の視点から環境に配慮した製品やサービスの探求を試みている[2]。社会的なニーズをふまえた上で，企業は社会貢献も求められている。そこで登場したのがソーシャル・マーケティングである。ソーシャル・マーケティングの概念は新しいものではない。すでにコトラー（Kotler and Lee [2005]）たちによって「公衆衛生・治安・環境・公共福祉の改善を求めて，企業あるいは NPO が行動改革キャンペーンを企画，あるいは実行するための手段支援のこと」であると定義づけられて

---

1) 滋野英憲，辻幸恵，松田優（2018）『マーケティング講義ノート』白桃書房の第 1 部では第 2 章：製品政策，第 3 章：価格政策，第 4 章：マーケティング・コミュニケーション政策，第 5 章：流通政策として各章で説明がなされている。
2) 石井淳蔵他（2016）『1 からのマーケティング・デザイン』碩学舎では「社会や商品の動きや経験を生み出すこと」を「マーケティング・デザイン」とした。そのために第一に新たな顧客を発見し，その顧客に新しい体験をさせて，そこから収益につながる仕組みを創ることが不可欠であると説明している。

いる[3]。実際には，マーケティングの手法を社会的な活動に適応し，消費者から望ましい反応を得るためにコミュニケーションをとることである。この取りくみは，社会の変化に適応していく枠組みとしてとらえることができる。

　このような背景をふまえて，ここでは，社会貢献につながるフェアトレード商品とその背景を取り上げた。フェアトレードとは「継続的な商品の売買を通して，生産者を支援する仕組みとして生まれた貿易」のことである[4]。日本では公正な貿易と訳されることもある。企業の社会貢献が進む中で日本においても，フェアトレードの概念と商品が着目されている。フェアトレード商品は衣食住のすべてに存在する。もともと先進国では，製品の品質向上は技術によって，支えられてきた。クオリティも高く，日本国内では品質が保証された商品やサービスが溢れている。その中で発展途上国の人々に利益を還元し続ける商品の開発をどのような方法で継続するのか，また，日本人のニーズが反映できる商品の製作をいかに継続するのかを考えていくことが必要となっている。

2 ｜ フェアトレード商品へのイメージ調査

1　調査の概要と方法

　ここではフェアトレード商品へのイメージを調査した。ただし，ファッション商品に限定した。具体的には女性用のスカート，パンツ，アクセサリー・雑貨とした。衣類とアクセサリーを選択した理由は，日本でのフェアトレード商品の販売量の2位がアクセサリー・雑貨，3位が衣類だからである。1位の食

---

3) Kotler and Lee（2005）の訳本として，恩蔵直人監訳（2007）『社会的責任のマーケティング―「事業の成功」と「CSR」を両立する―』東洋経済新報社が出版されている。

4) 詳細には「労働への対価として適正な価格を支払い，経済的に厳しい状況にいる人々の生活改善と自立を支援する貿易の仕組み」や「融資や技術訓練，保健衛生知識の共有など，様々な支援を行うと同時に，生産過程での児童労働の排除や，地球環境に配慮した取り組みの実施」であり，「消費者が自分の気に入った商品を購入することでできる身近な国際貢献」であると位置づけられている。詳細は http://www.sisam.jp/fairtrade.html から引用した。

品は商品幅が広範囲なのでイメージが拡散すると考え，ここでは 2 位と 3 位の衣類とアクセサリーを，フェアトレードのイメージを測る対象として選択した[5]。具体的には女子大学生たちがフェアトレード商品のスカート，パンツ，アクセサリー・雑貨をどのように評価しているのかを明らかにした。女子大学生たちの評価が明確になれば，日本で売れそうな商品の指標になり，より多くのフェアトレード商品の開発へのヒントになると考えるからである。

　フェアトレード商品の多くは既存の商品よりも割高であり，フェアトレード商品に価値を見出す消費者に販売する必要がある。そのためには，評価されるポイントを明らかにして，より多くの消費者に受け入れられやすい商品開発が，販売量の増加へとつながると考える。また，評価されるような価値を創造していくことも求められているのである。

　ここでは 3 つの調査を実施した。予備調査，本調査，事後調査である。最初に，予備調査としてフェアトレード商品のイメージを調べた。そこから得られたイメージのキーワードを参考にして本調査の質問項目を作成し，調査を実施した。そして，本調査で得られた結果である評価を用いて，事後調査として UNIQLO の商品との比較を行った。

2　予　備　調　査

　対象者は兵庫県神戸市に立地している私立大学に在籍の女子大学生 3 年生 10 人とした。実施期間は 2017（平成 29）年 10 月中旬である。2 人 1 組になって，日本に拠点を置くフェアトレード商品を扱う 2 つの会社（シサム工房とピープルツリー）のホームページを閲覧し[6]，日本でも売れそうだと対象者が判断し

---

5) インターネットアンケート・サービスを提供する「goo リサーチ」の対象：20 歳以上の「goo リサーチ」消費者モニター，有効回答者数：2350 人（男性 50％，女性 50％）うち 20 代が 20％の結果，購入したことのあるフェアトレード商品の種類は 1 位：食料品 88.0％，2 位：アクセサリー・雑貨 26.6％，3 位：衣類 21.2％であった（2010 年）。

6) 閲覧した会社は以下の 2 社である。㈲シサム工房：京都市左京区田中西樋之口町に本社がある。創立日：1999 年 4 月，代表取締役水野泰平，資本金 500 万円である。フェアトレードカンパニー㈱：東京都世田谷区奥沢に本社がある。創立日：1995 年 1 月，代表取締役ミニー・ジェームス，資本金 6,000 万円である。

たスカート，パンツ，小物を検索し，各組 10 点ずつ選択してもらった。

　ただし，小物はアクセサリー・雑貨に限定した。小物の中にはインテリアに近いもの（置物ライトなど）や文具，靴など種類が多かったからである。靴のイメージと文具のイメージはおのずと異なるので，ここではアクセサリー・雑貨に限定した。さらに雑貨はコインケース，財布，小さいポーチなどとし，大きなバッグや本立てなどのようなものは含まないことを調査対象者には事前に注意事項としてアナウンスした。なお，これら 2 つの会社は，インターネットでも商品の注文ができること，商品数が多いこと，身近に感じられるリアル店舗を有していること，創業が 20 年を超えていることなどを条件に選択をした。また調査対象者の 10 人はこれまでにフェアトレード商品の購入経験がないものを選んだ。なぜならば，購入経験者はすでに商品知識があり，インターネットでの検索からわかる範囲以上の商品知識を有している可能性があるからである。ここではあくまで一般論としての購入意欲を喚起できるか否かが重要であるので，フェアトレードやその商品知識がない女子大学生たちを対象者として選んだ。

　次にそれぞれが選択したスカート，パンツ，アクセサリー・雑貨の 50 品をもとに，10 人が全員でディスカッションした。その後，日本の女性にも売れそうだと思えるスカートを 5 品，パンツを 5 品，アクセサリー・雑貨を 5 品の計 15 品を選択してもらった。これらを本調査のサンプルとした。

　結果として以下のものが 10 人の女子大学生たちから選ばれた。

1) スカートはロング丈（おおむねくるぶし近くまである）で裾が広がっているものが選択された。黒の無地，うすいグレーの無地，紺の無地，深緑の無地，茶系の素地に細かなエスニック調の柄となった。

2) パンツはガウチョ，デニム，ワイドなど丈もスタイルも多様なものが選択された。

　　黒の膝下 15 センチの丈のストレート，うすいグレーでくるぶしまでの丈のガウチョ，白無地のストレートデニム，紺色のくるぶしより少し上の丈のデニム，うすいベージュのワイドパンツとなった。

3）小物は財布，ブレスレット，イヤリング，ネックレス，スカーフの5つ
　　が選択された。

　　　具体的には，黒の革の長い財布（カードが入る），木製の細かな勾玉タイ
　　プの連なったブレスレット，銀の素材で紫色の石が真ん中にあるイヤリン
　　グ，白いストーンがペンダントトップにあり，金色のくさりをつけたネッ
　　クレス，深い紺，青，ブルー，薄いブルーそして白がランダムに染められ
　　たスカーフとなった。

これらの3つの選択に至った経緯を考察すると以下のようなことが指摘でき
る。

1）スカートがロング丈で裾が広がっているものが選択されたことについて
　　は，今回の調査対象である女子大学生たちの現時点の所持状況と関係して
　　いる。女子大学生たちはミニ丈のスカートよりもロング丈のスカートの所
　　持枚数が多かったのである。本調査とは別の調査の結果からは，ミニ丈の
　　スカートのみを所持している女子大学生は3％，ロング丈のみを所持して
　　いる者は10％であった。多くは両方の丈を所持していたが，所持の割合
　　はロング丈が70％で，ミニ丈よりも多い結果となった[7]。このことからロ
　　ング丈のスカートを選択する者が多かったと考えられる。

2）パンツに関してガウチョ，デニム，ワイドなど丈もスタイルも多様なも
　　のが選択されたことについてその背景には，世間では少し前まで，ガウチョ
　　パンツがブームであったこと，現在はデニムやワイドパンツが流行してい
　　ることなどが考えられる。パンツの形そのものが，世の中では混在してい
　　るのである。つまり女子大学生たちも従来から持っているものと，現在購
　　入したものの両方を使用しているので，様々な種類が選択されたと考えら
　　れる。また，店頭や街中で目にするパンツも様々なスタイルであることも，
　　今回の結果に影響がないとはいえない。

3）アクセサリー・雑貨は財布，ブレスレット，イヤリング，ネックレス，

---

[7] 2018（平成30）年7月下旬に関西圏に立地している大学内で，女子大学生200人を対象として所持
　　枚数の調査を実施した。

スカーフの5品となった。民族的な雰囲気のものよりも、いわば普段使いのカジュアルな雰囲気のものが選択される傾向があった。よって、フェアトレード商品だからといって、東南アジアの雰囲気を出すよりも、むしろ、日本人が受け入れやすそうな色づかいやデザインを優先した商品が購入されやすいと考えられる.

3 本 調 査

本調査の対象者は兵庫県神戸市に在住の女子大学生3年生300人（回収率89.3%、286人）であった。2017（平成29）年11月7日に集合調査法を用いて実施した。手順としては、予備調査から得られたスカート、パンツ、アクセサリー・雑貨から各々5品を用いた資料をつくった。5品の資料に近い商品の写真をパワーポイントで見せ、1〜5の5段階の尺度を用いて調査票に評価を書き込んでもらった。評価がもっとも高いものを5とし、評価がもっとも低いものを1とした。パワーポイントでは原則1枚の写真（1つの商品）について20秒ずつ見せたので、15枚のすべての写真を見る時間は合計で5分となる。ただし、回答中に不明な点が出てくる可能性もあるので、調査が終了するまで写真は自動的に20秒ずつ繰り返し投影しておくこととした。また、アクセサリーは色違いなどのバリエーションがあるので、同じパワーポイントのシート上にそれらも参考商品として見せた。

なお、調査票を配布する前に本調査結果は学術目的以外に使用せず、回答者個人の特定ができない旨を全員に説明し、同意をした者を調査対象とした。調査時間は40分であった。具体的な評価項目は、色、デザイン、素材、価格、サイズ、異国性、希少性、カジュアル、ブランド性の9つとした。これらの評価項目は多くの先行研究で使用されている項目であり、衣類の評価には適していると考えた。これらの9つの評価項目を用いて個々の商品の評価をしてもらった。これらの9つの評価項目の意味は以下のとおりである。なお、これらの意味については調査対象者には回答前に説明をしている。

色とは色の好悪、色が気に入ったなどの色に対する感情である。デザインと

図表 6-1　フェアトレード商品の評価（平均値）

n = 286

商品／項目		色	デザイン	素材	価格	サイズ	異国性	希少性	カジュアル	ブランド性
スカート	平均	1.44	1.88	2.94	3.05	3.44	2.40	2.88	2.04	3.08
	SD	0.79	0.65	1.29	1.12	1.22	0.94	0.82	0.84	0.74
パンツ	平均	1.78	2.02	2.97	3.14	3.48	2.24	2.20	2.84	2.45
	SD	0.66	1.14	1.45	0.82	0.73	0.98	0.78	0.79	0.58
アクセサリー・雑貨	平均	3.86	3.04	2.10	1.95	2.88	3.85	3.05	3.42	3.88
	SD	0.76	1.02	1.22	1.07	0.98	0.84	0.74	0.78	1.04

注）小数点以下第3位を四捨五入した。SD は標準偏差の略。
出典：辻幸恵（2018）「フェアトレード・ファッション商品に対する女子大学生の評価」『繊維機械学会誌　せんい』Vol.71, No.12, 39-43 頁，表1 フェアトレード商品の評価（平均値）

は色柄や形が気に入ったかどうかである。素材とは素材そのものの良さや肌触りなどである。価格とは商品に対して納得できる価格であるか否かの評価である。たとえば納得できない場合は1という評価になる。サイズとはサイズがよさそうだ，自分にフィットするなどの意見を含む。異国性とは日本にはないテイスト，主に東南アジアやアフリカなどを感じるか否かということである。希少性とは珍しさや他にない特徴を示していることである。カジュアルとは気軽に使用し，身近に感じるかということである。ブランド性とは，その商品に対してフェアトレードとしての確立されたテイストを感じるか否か，他の商品と差別化ができていると感じるか否かである。この場合のブランド性は主に差別化という意味で使用しているため，そこには高級感などは含まれていない。

　今回は300人を対象とし，286人から回答を得た。そしてこの286人が回答した1〜5点までの点数の平均値を図表6-1にまとめた。

　図表6-1によると，スカートは主に色（1.44）とデザイン（1.88）に対する評価が低かった。つまり，女子大学生たちはフェアトレード商品のスカートに対して，色とデザインがよくないと思っていることがわかる。この傾向はパンツも同様で色（1.78）デザイン（2.02）に対する評価が低かった。アクセサリー・雑貨は主に価格（1.95）と素材（2.10）に対する評価が低かった。アクセサリー・雑貨の商品の価格は，財布が 12,592 円，ブレスレットが 7,257 円，イヤリングが 17,723 円，ペンダントが 16,702 円，スカーフが 16,993 円である。

評価が高かった，つまり数値が大きいところはスカートではサイズ（3.44），ブランド性（3.08），価格（3.05）であった。パンツではサイズ（3.48），価格（3.14）であり，アクセサリー・雑貨ではブランド性（3.88），色（3.86），異国性（3.85），カジュアル（3.42），希少性（3.05），デザイン（3.04）であった。

　女子大学生の評価結果から，スカートもパンツも色とデザインに対する評価が低いことがわかった。これは日本市場で販売する場合のネックになると考えられる。たとえば，現時点ではフェアトレード商品において，よく目にする色はアースカラーが多いというイメージがあるが，色に関してはバリエーションを作るかあるいは汎用性のある定番に近いような黒や紺を用いる方が受け入れられやすいと考えられる。サイズに対する評価は高いが，これはウエスト部にゴムが入っていることが万人にフィットするということであろう。このことから，リハビリパンツとしてのマーケットを狙うことも考えられる。

4　事後調査

　事後調査の意義は，フェアトレードではない商品と比較することによって，差を見出し，何が優っており，何が劣っているのかを明確にすることである。それは新しいフェアトレード商品の売り方を考える糸口になるからである。

　現時点において，日本市場におけるアパレル商品と比較することは，市場規模を考えると早すぎるかもしれないが，今後の見通しも含めて，ここでは「UNIQLO」と比較を試みた。UNIQLO を選択した理由は，調査対象の学生たちの認知度が 100% であること，リアル店舗に行った経験がある，あるいはアプリを使用してインターネットで購買したことがある者が 100% であったからである。

　本調査で回答した同一対象に，2 週間後に UNIQLO 商品のスカート，パンツ，アクセサリー・雑貨を見せて同じ 9 つの評価項目（色，デザイン，素材，価格，サイズ，異国性，希少性，カジュアル，ブランド性）を用いて評価してもらった。調査方法は本調査と同じである。資料は調査時に，インターネットで検索をし，掲載されていた UNIQLO 商品のスカート，パンツ，アクセサリー・雑貨をプ

図表6-2　UNIQLO商品の評価（平均値）

n = 286

商品／項目	色	デザイン	素材	価格	サイズ	異国性	希少性	カジュアル	ブランド性
スカート	3.54	3.28	3.94	4.05	3.94	1.50	2.18	4.04	4.08
パンツ	3.78	3.34	3.97	3.84	3.98	1.44	2.10	4.84	4.05
アクセサリー・雑貨	3.76	3.24	3.10	3.95	3.28	1.85	2.05	3.92	3.98

注）小数点以下第3位を四捨五入した

ロジェクターで投影した。

　286人から回答を得た平均値を結果として図表6-2にまとめた。

　図表6-2に示したようにスカート，パンツ，アクセサリー・雑貨のすべてにおいて異国性の数値が小さく，評価が低かった。一方，高評価であった項目はブランド性，価格，カジュアルであった。

3　調査結果からの知見

　予備調査では，インターネットを使用してフェアトレードのファッション商品であるスカート，パンツ，アクセサリー・雑貨を選定した。女子大学生たちにとってのファッション商品は，これらが受け入れられやすいと考えられる。本調査では286人の女子大学生たちがフェアトレード商品を評価した結果，スカートとパンツは色とデザインに対する評価が低かった。一方，スカートとパンツはともにサイズに関しては評価が高かった。理由としてウエスト部にゴムが入っていることが考えられる。ウエストサイズに汎用性があるということは，世代を超えての商品展開が可能であり，高齢化社会の日本においては，リハビリパンツなどへの普及も考えられる。事後調査ではUNIQLOの商品と評価を比較した。フェアトレード商品と比較すると，UNIQLOはブランド性，価格，カジュアルさの評価が高く，女子大学生から支持されていることがうかがえた。フェアトレード商品が差別化され，そこに特別な価値を見出してもらえている現状ではないことが理解できる。

　現状と今後の課題を以下に示した。

現状ではフェアトレード商品に対する認知度が以前よりも上がってきたとはいえ，既存のアパレル商品と比較をすると価値を見出すまでには至っていない。価格は UNIQLO 商品がすべてにおいて評価が高い結果であるのに対して（図表6-2），フェアトレード商品は特にアクセサリー・雑貨に対しては評価が低い（図表6-1）。つまり，フェアトレード商品に対して値段が割高であると感じていることがわかる。アクセサリー・雑貨などの小物は，現在は手作りブームのため販売先も多く，流行している。このように受け入れられる素地は整っているにもかかわらず，素材やサイズの評価も低いという結果を得た。よって日本人に好まれる素材やサイズの検討が必要である。また，既存の商品との差別化も東南アジア色を強くするのか，フェアトレードの概念に賛同して価値を見出すのかによって戦略が異なってくる。日本においては，最初に何を優先させて差別化をはかるのかという方向性も必要である。

　将来において，フェアトレードの概念が普及し，輸入される商品数も多くなると予測はされるが，日本人のニーズに合致した商品開発も同時に必要になると考えられる。現在，フェアトレードは製品価値だけでは競争できる商品は少ない。新しい価値への提案，生活の中で可能な国際協力というような背景をさらに啓発する必要がある。

4　事例—インタビュー：シサム工房—

　ここでは，実際にフェアトレード商品を輸入し，販売している㈲シサム工房（本社：京都市左京区）の代表取締役水野泰平氏への学生からのインタビュー概要を紹介する。このことによって，概念ではなく，「今」の問題としてフェアトレード商品への理解が深まるからである。インタビューは2019（平成31）年9月11日にシサムコウボウ京都・裏寺通り店で行われた。水野氏に対する質問は大別すると以下の3つである。

　1）フェアトレードを知ったきっかけ

　2）フェアトレードとしてあるいはシサム工房としての問題点

3) 今後のシサム工房の展開について

以下はインタビューの内容となる。インタビューをしたのは神戸学院大学経営学部 3 年生の久保田智也と坂口絵美である。

～～～～～～～～～～～～～～～～～～

質問 1（久保田）：フェアトレードを水野社長が知ったきっかけは何でしょうか。

水野：フェアトレードは，大学院時代に，支援活動の一つとしてそういったものがある，というのを知識として知ったのが始まりです。確かイギリスのオックスファムの事例だったように思います。

　もともと浪人時代にソ連が崩壊して大きく世界が動いている様を新聞記事で日々追いながら，すごい時代に生きているんだ！という思いを持ちました。また，国際的なことに関心を持つようになりました。大学生になり，たまたま参加した試写会でアパルトヘイトの映画を見て，人種差別に対して衝撃を受け，同時に強い怒りを覚えました。そんなことを背景に社会の不正義に意識が向くようになったと思います。

　大学に入ってからは，長期休みごとにバックパッカーをして，南部アフリカやアジア諸国を旅しました。当時，日本に暮らす私は，途上国にいけば，何か役にたつ存在になれるのではないか，かわいそうな人々に何かしてあげられるのではないかと思っていました。しかし，現地に行って意識が変わりました。現地には，"かわいそうな人"がいるわけではなく，自分なんかよりもずっと厳しい環境の中で，たくましく生きている人たちがいました。自分と同じように，笑うし，怒るし，悲しむし，思いやれる人がいるということを実感として感じるようになりました。

　学生時代に考えたことがあります。一つは，旅先で見た，スラムの状況や，路上で寝ている人たちがいる状況をただの風景として見るようになりたくない，ということでした。そして二つ目が，発展途上国の弱い立場の人々とよりよい関係でつながるような生き方，仕事がしたいということです。大学を卒業後は南部アフリカ研究を目的に大学院に進学しました。フェアトレードとはそこで知識として出会いました。

修士課程を修了後は，社会で経験を積むことを目的に，エスニックの雑貨販売とレストランを経営している会社に就職をしました。最初は皿洗いからと面接時に言われ，覚悟を決めて初日を迎えましたが，すぐに社長の近くで仕事をさせていただけるようになりました。そこで主にバイヤーとして4年ほど勤めさせていただきました。

　フェアトレードを意識し，自分の仕事にしようと考えたのは，バイヤーとしての仕事を通して，手仕事品や経年変化する素材の魅力に気づくようになってからです。ものへのこだわりが生まれ，それまでチャリティ的なイメージであったフェアトレード商品を自分の作る空間や演出で，違ったものとして提案していきたいと考えるようになりました。それがシサム工房のはじまりです。私の父親はサラリーマンで，周囲にも商売をしている人は一人もいません。今から思うと周囲に商売の厳しさをいう人がいなかったからこそ，フェアトレードショップをはじめることができたのかもしれません。いわば，思いや勢いで商売をはじめた感じです。店を作る時は仲間が手伝ってくれました。京都に古材バンクというNPOがあって，そこから古材をわけていただき，お店を作りました。古材バンクの周辺には建築家や研究者もいれば，普通の主婦もいました。内装は仲間たちと一緒につくりました。古い壁の土を再利用しました。開店後も，たとえば，レジを手伝ってくれたりしました。レジが前日にしか届かなかったので，練習は当日の夜でした。昼間は手伝ってくれた人が打ってくれました。母親がレジを手伝ってくれたりもしました。そうやっての開店でしたが，当時からただ商売をするだけではなくて，データを取ろうと思っていたので，その日の天気や気温，何が売れたかなど，ノートに書き入れていました。

質問2（坂口）：フェアトレード，あるいはシサム工房としての課題は何かありますか。

水野：今，SDGs（持続可能な開発目標）やエシカル，そしてフェアトレードというのが，世の中で注目されるようになってきています。フェアトレードの運動が今後，そんな社会の中でしっかりとした役割を担っていくには，注目している人々の期待に応えられるかが課題だと思います。それは製品にしてもサー

ビスにしてもそうです。たとえば，若い世代が教科書などでフェアトレードを学習するようになりましたが，実際にはまだ縁遠い存在にあると思います。SDGs や CSR に取り組み，フェアトレードに出会った企業や団体で働く男性にとっても同様です。遠い存在というのは，知識としては持っていても日常で意識されていないという意味です。その状況を変えていくには，そうした人たちのニーズに合ったものやサービスを提供し，目にふれる機会を増やしていくことが必要だと思っています。さらに言うと，好みやニーズは本当に人それぞれなので，世の中に質の高いフェアトレード商品がバリエーション豊かに存在するようにしていくことが大切だとも考えています。

質問3（坂口）：今後，シサム工房として何か具体的に計画していること，これからしていきたいことはありますか？

水野：新たにはじめていることは，具体的には二つあります。一つは，これまでシサム工房ではレディースファッションのオリジナル開発を主に行ってきましたが，今後少しずつ，メンズ商品の開発にも力を入れていきたいと思っています。というのも SDGs が広く認知され取り組まれていく中で，ソーシャルな意識を持つ男性も増えてきています。そうした意識を持つ人たちがただの知識ではなく，生活に取り入れることのできるようなものやサービスを提供していくことは，私たちの大切な役割だと考えています。

　もうひとつは，ノベルティ事業です。もともとインドのスラムに暮らす女性たちが，ミシンの直線縫い訓練でエコバックを作っていたのを見てはじめた事業です。社会経済的に立場の弱い人たちにこそ，仕事を依頼したいと考えながら，質の高い洋服づくりのために技術力のある人にしか注文できなくなっていることにジレンマを感じていました。私たちにとって，大きな意義を感じている事業です。ノベルティは大学でも企業でも周年記念や様々な行事に製作されています。そこでのお金の使い方を意識して，よりよい社会につながるようにしていただく提案をしています。SDGs が普及しつつある今だからこそ，企業にも呼びかけやすい状況になってきたと思っています。

　これからどうしていきたいかについては，フェアトレード事業を成功させた

い，と強く思っています。何をもって成功かなど，具体的な像はないのですが，私は，「五方よし」を高いレベルに持っていきたいと常に考えています。近江商人の商いの心得として「三方よし」というのがあります。「売り手」だけが得するのではなく，「買い手」が心から喜んで，そして「世間（社会）」にもよいものが，長く続く本当の商いであるという「売り手よし，買い手よし，世間（社会）よし」のことです。フェアトレード事業をしている私たちとしては，そこに「作り手よし」，「地球環境よし」を加えて，「五方よし」として言葉を使っています。もともとフェアトレードは，社会経済的に立場の弱い人を支援するための仕組みとして生まれたものです。これまでその多くはボランティア意識に支えられた「売り手」の活動で担われてきました。一方，事業として取り組んでいる私たちとしては，仕事として（言葉を変えるとプロフェッショナルとして）携わる「売り手」に対しても一般企業に負けない労働環境を整えていきたいと思っています。また，事業をすることはどうしても地球環境に負荷をかけることになります。それを最大限少なくし，また逆に，地球環境にプラスになるアクションを事業全体で実現していきたいと思っています。

坂口，久保田：以上，長時間，本当にありがとうございました。

店内にはフェアトレード商品と「手仕事品」の品々が並んでいる。以下の写真は坂口が小さいポシェットを手にしている所である。これは「手仕事品」の

●小物のコーナーのポシェットを手にとる学生●

「ARTSISAN アコーディオンポシェット」で，本体価格が 12,000 円である。

ポシェットは革製品でインド北西部の自然死した動物たちの皮から作られている。色はライトレッド，ダークブラウン，ナチュラルの３種類で，手にしているのはライトレッドである。

店内にはメンズファッションのコーナーも設置されている。久保田が手に

●洋服を選ぶ学生●

●店内のコーヒーカップをみる学生●

している上着は「KL ダブルガーゼポッケシシュウユッタリガウン」である。これは本体価格が8,100円で，カジュアルなテイストではあるが，上品さも提供している。（右側写真）色はマスタード，グリーン，ブラックの３種類である。インド（ラクノー）で生産されている。

　左の写真で久保田が手にしているのはコーヒーカップである。棚の上には，コーヒー豆とコーヒー粉の袋が並んでいる。赤色の袋は中煎り粉，黄色の袋は中煎り豆，茶色の袋は深煎り粉，黒色の袋は深煎り豆となっており，すべて中身は200g入りで販売価格はすべて本体が1,100円である。

　この店舗はシサムコウボウ京都裏寺通り店で，通常は小物，雑貨，洋服，靴，食品，インテリアなどが販売され，レディスファッションが中心である。他のシサム工房の店舗と比較すると，ここが一番広い店舗となる。阪急電鉄の京都河原町駅から徒歩約５分の場所に立地している。月末の水曜日に映画の

●シサムコウボウ京都裏寺通り店●

上映を店内で実施していることも特徴のひとつである。映画の上映会はシサム
シネマと名づけている。これは映像の伝える力，心に響かせる力に感動しては
じまった試みである。月ごとに上映される作品は変わり，たとえば，2019（令
和元）年10月30日には「1日1ドルで生活」という作品が上映された。ここ
では映画の他にもシサムギャラリーとして貸し出すスペースが常設されている。
なお，神戸・岡本店にもシサムギャラリーが開設されている。写真はシサムコ
ウボウ京都裏寺通り店の外観を示す。

5 ソーシャル・マーケティングの方向性

　ここでは将来の方向性について述べる。前節で述べてきたフェアトレード商
品は昨今，確実に日本市場に進出し，消費者の目にもふれるようになった。目
にふれる機会が増えた背景には，イオン㈱やスターバックスコーヒージャパン
㈱のような大手企業がフェアトレード商品の切り花やコーヒー豆を置くように
なったからである。また，スポーツ用品でもフェアトレードのマークが入った
ボールや道具が普及しはじめている。消費者の生活圏に近い小売店が商品を取
り扱うと，目にふれるだけではなく，購入機会も増える。さらに購入しなくて
も，それらの商品がフェアトレードの商品であると認知し，結果として多くの
人々のフェアトレード商品に対する認知度が高くなる。その認知度の高まりを
よりすすめるためには，商品を店舗に置くだけではなく，特設コーナーを設置
することやイベントを開催することも効果的である。また，種類を増やすこと
も効果につなげられると考えられる。よって，将来的にはフェアトレードの啓
蒙活動や商品の普及が，リアル店舗からもさらに情報発信されると考えられる。
また，もっとファッショナブルな，おしゃれな分野への進出が期待できる。そ
してより消費者にとって身近な存在になるであろう。

　さて，ソーシャル・マーケティングの例としてフェアトレードをあげたが，
社会貢献，支援，災害ボランティアなどのキーワードで検索をすればかなりの
数がヒットできるはずである。ソーシャル・マーケティングの中に最近は環境

問題なども含めようとする動きがある。そこにマーケティング的な要素が含まれれば市場へとつながるが，単に環境の改善をはかるためであれば，それは環境保全の問題でマーケティングではない。グリーン・マーケティングも，エコロジカル・マーケティング（あるいはエシカル・マーケティングとも呼ぶ）もその中にマーケティグ要素が含まれているからこそ，マーケティングの延長なのである。エシカルとは「倫理的な，道徳上の」という意味である。モラルという言葉がよく似た意味で使われる。もともとアメリカでは，公民権運動やコンシューマリズムが背景となって，ソーシャル・マーケティングが発展したのである。つまり，企業の論理だけではなく，そこに生活するすべての人々のライフスタイルを損ねず，害せず，快適なコミュニティとして成立できるように，サポートする活動が企業に期待されるのである。

　今後は，社会的な問題とのかかわりの中で，より幅広くマーケティングがとらえられていくことが予測できる。その根底には製品，価格，プロモーション，流通があるが，それ以上に企業が果たす社会的役割や社会倫理をどのように守っているのかを示すことが，消費者の商品に対する信頼を勝ち得ることになる。そして，信頼がその会社の製品やサービスに結びつき，その会社のブランド力になるのである。ブランドそのものが無形資産であるので，ブランド力も無形ではあるが，商品やサービスへの信頼だけではなく，企業そのものへの信頼に発展する。

　本章の出所は以下の論文をもとに，インタビューなどを加え，加筆・修正している。
辻幸恵（2018）「フェアトレード・ファッション商品に対する女子大学生の評価」『繊維機械学会誌　せんい』Vol.71, No.12, pp.39-43

【参考文献】
石井淳蔵，廣田章光，坂田隆文編著（2016）『1 からのマーケティング・デザイン』碩学舎
池尾恭一，青木幸弘，南知恵子，井上哲治（2010）『マーケティング』有斐閣
恩藏直人監訳（2007）『社会的責任のマーケティング―「事業の成功」と「CSR」を

　両立する─』東洋経済新報社
滋野英憲，辻幸恵，松田優（2018）『マーケティング講義ノート』白桃書房
フランツ・ヴァンデルホフ著，北野収訳（2016）『貧しい人々のマニフェスト』創成
　社
長田華子（2016）『990円のジーンズがつくられるのはなぜ？』合同出版
渡辺龍也編著（2018）『フェアトレードタウン』新評論

第7章　ものづくりをする消費者

1　製品を作るあるいは変化させる行為

　現在では，消費者は消費するだけではなく，自らがメーカーのように「ものづくり」をするといわれている。それを証明するようにハンドメイドブームは続いている。そこで本章では前半はカスタマイズする行為について述べ，後半はハンドメイドのアクセサリーを自身で作成する行為について述べる。

　最初に，前述したカスタマイズという行為を知っているだろうか。カスタマイズという言葉には，使う側にあわせて使いやすいように変化させる，あるいは既存のモノに手を加える，自身の思い通りに変えるという意味が含まれている。いずれにしても，自分を中心に他とは異なることを加えるという行為になる。つまり，多種多様な製品が周囲にあるにもかかわらず，自分の好みに合うように製品を変化させるのである。これは無から製品を作るわけではなく元になる製品，いわば土台があることが重要である。

　カスタマイズする消費者を身近に感じることがあるだろうか。たとえばピアスをイヤリングに変えることもカスタマイズの中に含まれるであろう。筆箱に自分のお気に入りのシールを貼ることも，本にブックカバーをつけることも含まれるとしたら，生活の中でよく見る行為である。製品の外観を変化させることのみではなく，印をつけることもカスタマイズに含まれる。たとえば，印をつける消費者行動とは，SNS上の誰かの投稿に対して「いいね」という印をつける行為や，購入したものに改変や脚色を加えることで，自分のオリジナリ

ティを演出する行為を指す。こうした印づけの消費者行動は，大量生産，大量消費の時代には少数派だったが，いまや多くの若者に共通する行動にかわり，Tシャツ，ジーパン，バッグのアレンジなどは，世代を超えて共通する行動になっている。購買に随伴するこうした印づけの行為は，どのような消費者心理に基づくのだろうか。一般的にはカスタマイズという消費者行動は，商品にオリジナル性を持たせることで，自分らしさを加味することである。そのことによって，他者との差別化やオリジナリティの醸成をもたらし，アイデンティティを発揮する行為であると考えられている。

さて，カスタマイズではないが，印づけの原形として「スティグマ」をあげることもできる。アーヴィング・ゴッフマンによると，そもそもの意味は「肉体上の徴をいいあらわす言葉であり，その徴は，つけている者の特性上の状態にどこか異常なところ，悪いところのある人びとに告知するために考案されたものであった」と説明されている[1]。ただし，現在ではこの原形に見られる悪い意味での印づけではない。ここで注目されるべきことは，社会に対する個人からの情報発信である。つまり他者に告げるという行為である。現在の若者も印をつけて，それを他者に発信しているからである。

ではなぜ，このような行為がおこるのであろうか。それは現在多くの市場において，製品やサービスがコモディティ化されている傾向があるからである。つまり，差別化することが困難な製品やサービスが多いということである。このような背景があるからこそ，自分自身で製作する，あるいは差別化のための印づけ（カスタマイズ）があると考えられる。差別化することによって「自分」の所有するものであることを他者に告げているのである。それによって自己主張をモノを介して行っていることにもなる。そこに人々は満足感を得るのである。

---

1) E. ゴッフマン著，石黒毅訳 (2016)『スティグマの社会学—烙印を押されたアイデンティティ—』せりか書房，13 頁引用。

2 ┃ カスタマイズする消費者の特徴

1　調査概要

　本研究では2回の調査を実施した。この調査は大学生たちが，日常的にどの程度，どのようなカスタマイズをしているのかを調べることを目的としている。第1回目の調査も第2回目の調査も兵庫県神戸市で実施した。

　第1回目の調査は，2018（平成30）年2月に共学の私立大学経営学部に在籍する大学生30人とその親30人に対して試みた。調査項目は基本属性として役割（学生か親か）と性別（男か女か）の2つを尋ねた。質問項目として最初に「購入した商品にオリジナルを付加したことがあるか」というカスタマイズの経験を尋ねた。それらの経験の有無によって，それぞれの具体的な行為と理由を回答してもらった。次に「何かを作った時に印をつけたことがあるか」という印づけの経験を尋ねた。それらの経験の有無によって，それぞれの具体的な行為と理由を回答してもらった。最後に購入した製品やレンタルした製品，利用したサービスや情報などに「履歴を残したことがあるか」と印づけの経験を尋ね，上記と同様に有無と理由を尋ねた。この調査からは世代の差（大学生と親）があるか否かも明確にするねらいがあった。

　第2回目の調査は，2019（平成31）年4月に大学生のみを対象とした集合調査を行った。調査の場所は第1回目と同じ大学である。ここでは調査の主旨とカスタマイズという言葉の意味について15分間説明をした後に，調査対象者である大学生たちに回答をしてもらった。対象は2年生300人と3年生150人の合計450人だった。ここでは集合調査法を用い，会場を大学内とした。質問事項は第1回と同じである。ただし，得られた回答をデータとしてKH Coderを用いて分析した[2]。言葉を分析する方法としてテキストマイニングを使用した。

2 結　　果

　第1回目の結果：30人の学生たちの回答には大きく2つの傾向が見られた。1つはオリジナルを付加するために，「自分のもの」だとわかるように何かをつける行為である。差別化をはかるために行う。もうひとつは経験したことの履歴である。具体的には記念品などを購入する行為である。学生の親たちの回答は14しか得られなかった。学生たちからの説明不足のため，筆者の意図することが伝わっておらず，無回答（わからない）が16であった。14の回答については，たとえば京都の地下鉄のカードを集めている，骨董の収集をしているなど，趣味で何かを集めているという回答やカーレンタルの記録を残す，DVDのレンタルの記録を残すなどの回答が多く，カスタマイズした経験とは少し異なっていた。親たちに対する調査結果は失敗であった。よって，世代間での比較はできなかった。

　第2回目の結果：回収率は2年生89.3%（268人），3年生86.0%（129人）となった。総抽出語数3,046で，文のケース数は268となった。抽出語と出現回数を図表7-1に示した。図表7-1から学生たちが回答した中では「貼る」という行為が多いことがわかる。60回の出現が見られる。学生たちは何か（製品）に貼ることでカスタマイズすることが多いのである。たとえば，スマートフォンにステッカーを貼る，オートバイにステッカーを貼る，眼鏡ケースにシールを複数貼るなどがあげられた。また，「貼る」行為の具体例としてシールがあげられているので，シールという言葉は37回の出現があった。次に，カスタマイズは差別化をうながすことであるので，「変える」という言葉が59回出現している。変えるものの多くは靴の紐で，色を変えるという回答が80%を占めていた。残りの20%の中にはスニーカーやスリッパに「マーカーで線を引く」，「つま先などに部分的に色を塗る」「はしの方に小さくハートマークをつ

2）KH Coderはフリーソフトの名前である。これはテキスト型（文章型）のデータを分析するために製作されたソフトウェアである。たとえば，アンケート調査内の自由記述での回答や，新聞記事，インタビューの記録などが対象である。テキストマイニングと呼ばれる方法に対応している。

ける」などがあげられた。靴ばかりではなく，ピアスをイヤリング用に付け口を変えたり，手帳のカバーを曜日によってつけかえたりしたという回答も得られた。手帳のカバーに関しては，最近ではブックカバーと同様に多くの種類が市販されているので，手にいれることは簡単である。このように変える行為は，比較的に手軽である。手元にマーカーがあれば，色を塗ることは容易である。

図表7-1　抽出語と出現回数

単位：回

抽出語	数	抽出語	数	抽出語	数	抽出語	数	抽出語	数
貼る	60	グリップ	7	ピン	4	染める	3	ライト	2
変える	59	ストラップ	7	ブレスレット	4	袖	3	ライブ	2
シール	37	デニム	7	ペン	4	番号	3	レース	2
靴	34	経験	7	違う	4	付け替える	3	黄色	2
色	28	絵	7	紙	4	壁	3	花	2
ケース	23	缶	7	水筒	4	DS	2	革	2
バッチ	17	傘	7	裾	4	アーティスト	2	机	2
テープ	15	刺繍	7	野球	4	アップリケ	2	携帯	2
透明	14	自転車	7	シンプル	3	イヤリング	2	穴	2
マスキング	12	消しゴム	7	ジーンズ	3	カード	2	作る	2
切る	12	入れる	7	ストーン	3	カギ	2	手	2
筆箱	12	名前	7	スニーカー	3	キーボード	2	種類	2
無地	12	ノート	6	ズボン	3	キャラクタ	2	丈	2
Tシャツ	11	巻く	6	バック	3	クラス	2	芯	2
キーホルダ	11	描く	6	バッジ	3	クリア	2	赤	2
スマホ	11	ゲーム	5	パーツ	3	シート	2	台紙	2
トートバック	11	デザイン	5	プリクラ	3	シャー	2	背番号	2
クロック	10	バイク	5	ペイント	3	スーツケース	2	借りる	2
スルー	10	パソコン	5	リュック	3	スタンプ	2	付ける	2
ステッカー	10	ビニール	5	ロゴ	3	スリーブ	2	部屋	2
好き	10	ワッペン	5	押す	3	タイヤ	2	部活	2
自分	10	鞄	5	下敷き	3	ナイキ	2	部分	2
買う	10	挟む	5	改造	3	ハンカチ	2	容量	2
iPhone	9	オリジナル	4	鍵	3	パンツ	2	洋服	2
紐	9	ガット	4	好み	3	ビン	2	Book	1
カバー	8	グローブ	4	雑誌	3	ファイル	2	LED	1
スパイク	8	サッカー	4	持つ	3	ブック	2	Mav	1
ダメージ	8	シューズ	4	写真	3	ブランド	2	SD	1
ボタン	8	テニス	4	書く	3	プラスチック	2	お気に入り	1
ラケット	8	ビーズ	4	一時的	3	ポケモン	2	アイドル	1

（筆者作成）

紐も靴売り場の近くには別売りされているので，気に入った色の靴の紐を買うことはたやすい。アクセサリーの中で，ピアスとイヤリングをつけかえる作業はサービスとして多くの店舗が採用している。文具店に行けば手帳のカバーの種類も豊富である。

さて，出現頻度の高い「ケース」はスマートフォンのケースや消しゴムのケース，眼鏡のケースなどが含まれていた。学生にとってのケースは身の回りにたくさんある製品のひとつであることがわかる。購入したケースはどれも同じではあるが，そこに自分なりのオリジナリティを表現するのはいわば「追加」をしているようなものである。これに対して，自らが製作した陶器や絵画にサインをすることは，たとえば図表7-1の「書く」ことにあたり，製作そのものは「染める」「作る」「描く」などがある。

神社仏閣めぐりが女性にも人気であるが御朱印のように経験を記録できるようなもの，いわば行ったという記念や事実が履歴になるような行為も今回はあらわれている。この履歴はどこに行ったのかという証明のようなものであるが，同様に何をいつどこで借りたのかというレンタル行為も，記録されることから履歴と見なされる。レンタルという購入ではない一時的な使用が具体的には，図表7-1内の「借りる」「一時的」などという言葉にあらわれている。借りるという行為に関しては，大学生たちの多くは負担には感じていない。彼らは卒業式や成人式で袴や振袖をレンタルすることが，もはや当たり前になっているからである。必要な時に必要なものを調達し，不要なものは購入しない，手元に置かないという考え方が広まっているためである。昨今は，下宿でもシェアハウスの利用についても積極的であると言われている。

3　考　　察

調査結果から，カスタマイズする要因は以下のようにまとめられる。

1　購入した商品にオリジナルを付加するための追加的行為

具体的には，既存の商品を購入した後に，自分が気にいったステッカーやシールを貼る行為である。

2　自身が製作したものへの印付け行為

具体的にはハンドメイドアクセサリーを製作した後やポストカードを製作した後にサインをするような行為である。

3　体験を通じての消費に対して，自らの閲覧の痕跡を残す行為

具体的には SNS 上のだれかの投稿に対して「いいね」という印をつける行為や You Tube への書き込みなどがあげられる。

4　レンタル商品への自身の経験的消費の跡を残す行為

具体的には借りた着物や自動車を利用している姿をインスタグラムに投稿するなどがあげられる。

大学生たちには履歴という痕跡や追加という行為によって，自己の存在を表現する心理が働いていると考えられる。現在は同調のベースの上の差別化，印づけが行われており，いわば消極的なカスタマイズであるともいえる（図表7-2下側）。消極的とは，従来の延長で少しどこかにオリジナリティが見える程度で根本的な素材や仕様が変化しないことを意味する。これは現在の若い人の流行の特徴でもある。たとえばベルトの「ガチャベルト」はその長さによって，

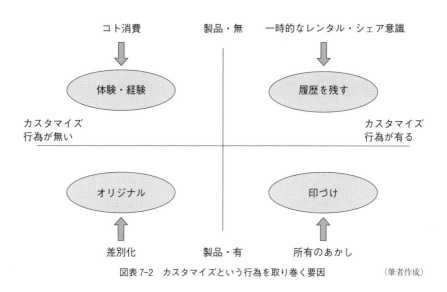

図表7-2　カスタマイズという行為を取り巻く要因　　　（筆者作成）

おしゃれさを演出し，「ウエポ」（ウエストポーチ）もウエストではなく肩からかけるという用途の変更だけである。ちょっとした違いでのファッションの差別化の傾向が，カスタマイズという要因のひとつと考えられる。また学生たちは不要なものの所有を嫌い，シェア意識が強く（図表7-2右上），体験に新しい価値を見出している（図表7-2左上）。

3 ハンドメイドを楽しむ消費者の特徴

1 調 査 概 要

　ここではハンドメイドでアクセサリーや雑貨を製作し，販売している消費者に着目した。2019（令和元）年7月に聞き取り調査を兵庫県と大阪府で実施した。調査対象としては次の条件に合致する者を選択した。①ハンドメイドでアクセサリーや雑貨を個人で一貫して製作し，販売している者，②ハンドメイドは副業であるか，あるいはその行為で主に生計をたてていない者，③インターネットを含めて販売歴が1年以上で，なおかつ継続して製作している者，の3つである。①の個人で一貫して製作するということは，ある部分を外注している者は除かれているということである。つまり，作品として他者の手が入らずに完成されていることを条件とした。②の副業であるが，ハンドメイド製作のみで生計をたてているならば，それはプロの仕事であり，アーティストであり，消費者とはいえないと考えてこの②の条件を付した。③の履歴が1年以上で，なおかつ継続して製作としたのは，初心者でも簡単な製品（作品）は製作することは可能である。その場合，たとえば文化祭などで販売した残りを仲間とインターネットで販売することも可能である。イベントの時にだけ製作したものを，後にインターネットで販売している行為は製作者とは言いがたいからである。
　これらの3つの条件を満たした製作者10人を調査対象として以下の質問をインタビュー形式で尋ねた。10人の年齢はあえて10代から60代までの幅広い年齢層とした。これは質問に対する回答が年齢によって異なるのではないか

と考えたためである。質問は4つである。①どのような目的で製作しているか，②作成したもののどこに価値を見出してもらいたいか，③副業的な収入で満足しているか，④将来はどのようにしたいかである。

2　結　　果

　結果を図表7-3に示した。図表7-3では年齢順に10人を並べ，それぞれの質問に対する回答に対してキーワードを中心に簡単に記している。

　図表7-3をみると，19歳の専門学校在籍者は，ハンドメイドの価値を「オンリーワンであり，個性的であるところ」と回答した。この回答は筆者が大学生を対象に調査した場合にも同様にハンドメイドの価値はオンリーワンである，あるいは個性的だという回答が多かった。若い世代にとって，ハンドメイドの価値のひとつがオンリーワンであり，個性的で他にはないという価値を見出していると考えられる。19歳の専門学校在籍者は，将来は店舗を持ちたいという希望があるが不安もあるという。ただ，製作中は非常に充実した思いで取り組めると言っている。図表7-3の上から2行目の21歳の女子大学生はハンドメイドのアクセサリーを製作し，インターネットで販売しているという。しかしながら，売れ行きは芳しくなく，どのようにアピールをしたらよいのか模索

図表7-3　女性作家に対するインタビュー結果

年齢・質問	①目的	②どこに価値がある	③満足度	④将来の希望
19	もっとレベルをあげたい	オンリーワンである	3	店舗をもちたい
21	プロとしてやりたい	他者との差別化	1	生計をたてたい
25	月に10万円は稼ぎたい	手作りであること	1	ブランドを作りたい
30	個展をひらきたい	芸術性	2	個展をひらく
35	教室をもちたい	自由に作るところ	2	教室をひらく
40	趣味で続けたい	気持ちが反映する	4	長く続けたい
44	作家として認められたい	自己表現できる	3	有名になりたい
52	作品を通じて人と接する	コミュニケーションツール	4	仲間を作りたい
57	自分らしさをこめたい	自分らしいところに	4	世間に認めてほしい
63	満足できる作品を作る	作風が豊かなところ	4	少しでも多く作る

注）満足度に関しては5段階尺度を用いた。1：たいへん不満，2：やや不満，3：どちらでもない，4：やや満足，5：たいへん満足

（筆者作成）

中であるということだ。自己ベストに近い作品をアップしてもなかなか「いいね」がもらえないということも述べている。ただ，自分の作品に対して肯定的であり，きっかけがあればブレイクするとも言っている。自分の作品には自分の主張があると述べている。

　さて，ここで述べられた自己への肯定感については平石（1990）が「自己の態度が好ましい，あるいは好ましいと評価することである」と定義している[3]。また，河越・岡田（2015）が大学生の自己肯定感に及ぼす影響要因を研究し，「大学生の自己肯定感」における 41 項目について因子分析を用いている[4]。そこでは，教員養成系大学 1 年生から 4 年生，合計 539 人（男 285 人，女 254 人）を対象に 2012（平成 24）年 6 月に配布留め置き法による質問紙調査を実施した。なお，回収は配布後 1 週間後としている。結果，大学生の自己肯定要因として第 1 因子「わずらわしさ」，第 2 因子「他人の評価」，第 3 因子「充実感」，第 4 因子「主張」，第 5 因子「意欲」，第 6 因子「個性」，第 7 因子「不安」と名づけた 7 因子を抽出した。19 歳と 21 歳の女子は河越・岡田らが調査をした大学生たちと年齢が近い。そこでのインタビューの中には他人の評価，充実感，主張，個性，不安という 5 つの要因が含まれていることがわかった。

　30 歳と 35 歳の女性は両者ともに，個展をひらきたい，教室をもちたいという目的を持っており，それはそのまま質問④の将来の希望となっている。また，両者とも満足度が 2 でやや不満という結果となった。21 歳の女子大学生のたいへん不満の中身は自分自身の作品のクオリティに対しての不満であった。つまり，もっと質の高いレベルの作品を作りたいと思う反面，今の作品ではプロとしては通用しないと理解しているということであった。30 歳と 35 歳の女性

3）平石賢二（1990）「青年期における自己意識の発達に関する研究(I)―自己肯定性次元と自己安定性次元の検討―」『名古屋大学教育学部紀要（教育心理学科）』37 巻，217-234 頁から引用した。ここには「その場合，個人の中で認識し，評価する領域と，他者や集団から自己がどのように映っているのかを理解し，判断する領域の 2 つが存在する」とある。

4）河越麻佑，岡田みゆき（2015）「大学生の自己肯定感に及ぼす影響要因」『日本家政学会誌』Vol.66, No.5, 222-233 頁の中では，大学生の「自己肯定感」尺度以外にも「学生生活」尺度，「父との関係」尺度，「母との関係」尺度，「親の夫婦関係への認識」尺度が提示されている。

の不満は自分への不満というよりも，自分を評価してくれていない周囲への不満であった。たとえば，30 歳の女性は自分の作品への周囲の評価が低すぎると感じており，35 歳の女性はもっと自分自身の好きな作品を作りたいが，それは一般的な売れ筋のアクセサリーとは異なるようで，自分が気に入った作品が必ずしも売れるとは限らないところへの不満であった。これは他人が認めてくれないことに対する不満なのである。

　40 歳と 44 歳のふたりは共通点がなかった。40 歳の女性は趣味で長く続けたいという目的でハンドメイドを楽しんでいるが，44 歳の女性は作家として世間から認められて，有名になりたいという希望を持っている。もちろん，調査対象者が 10 人という少人数であること，また年代によって共通点があるという前提はないので，それぞれの目的や希望が異なっていることに不思議はない。

　52 歳の女性は作品をコミュニケーションのツールとして考えている。これは他の 9 人の回答にはなかった回答である。目的に回答されたように作品を通じて人と接していきたいということが根底にある。よって，作品の品質，価格，売れ行きなどはあまり気にしていないということであった。57 歳の女性は自己表現に重きを置きながらハンドメイドをしているといえる。ただし，将来の希望としては自己表現したものを他者にもひろく認めてもらいたいという希望を述べている。

　63 歳の女性は自分が満足のできる作品を作ることを目的とし，価値を作風が豊かであることと述べている。そして，将来の希望としては少しでも長く続けて，ひとつでも多くの作品を製作したいと述べている。また，悩みとして目が悪くなってきたので細かな作業が遅くなってきていること，細かな細工ができにくくなってきていることをあげている。図表 7-3 では個々の作家の悩みの部分は記載していないが，身体的な悩みを述べたのは 63 歳の女性だけであった。他の年代の悩みには，「売れないこと」「評価がされていないこと」「どのように作ればより良い作品になるか試行錯誤している」などがあげられ，主に認知されること，品質を向上することの 2 つが主なる悩みであった。

3　考　　察

　ものづくりをする消費者の例としてハンドメイドでアクセサリーや雑貨（小物）を製作する女性を対象に聞き取り調査を実施したが，製作目的や将来の希望においては個人差が大きいことがわかった。これは，製作の対象が異なることよりも，製作側の多様性であると考える。

　さて，52歳の女性は作品をコミュニケーションのツールとして考えていたが，具体的にはモノを通じてのやりとりをきっかけに，作品へのアドバイスや自己の経験を通じての作品観などのやりとりを希望している。そしてできれば作り手と買い手という枠を超えて，仲間としての存在を求めているのである。これはブランド・コミュニケーションに似ている。ブランド・コミュニケーションとはミュニズ＆トーマス（Muniz&Thomas, 2001）によると「ブランドのファンの間で社会的な関係でつくられた集合をもとに，特定化された，地理的な制限がなく作られたコミュニティであり，特定のブランド化された商品やサービスを囲んだコミュニティ」と定義づけられている。このブランドの部分をハンドメイドに置き換えれば，そのまま52歳女性の考え方と同じになる。この研究のはじまりは，ファンクラブやオンラインサイトなど組織化された消費者間で形成されているコミュニティの関係であった。ハンドメイド作品を媒体として，それらの作り手（作家）とファンとの関係にも似ているところがある。また，仲間を作りその中での意見交換を52歳の女性は求めているが，それは準拠集団の形成を望んでいることになる。準拠集団（reference group）とは「関係集団とか参照集団と呼ぶことがある。判断のよりどころとなる（判断の基準を提供する）集団のこと」と辞書では説明されている[5]。準拠集団において規範機能を求めていることになる。

5）大山正，藤永保，吉田正昭編（1978）『心理学小辞典』有斐閣，125頁引用。続きには「準拠集団には二つの機能があるといわれている。一つは個人の能力とか社会的地位などの高さを判断するときの比較対象となる機能（比較機能）であり，もう一つは，個人の意見とか行動様式などの妥当性を集団基準との一致で保障する機能（規範機能）である。」と記されている。

　調査対象となった10人の女性の個々の価値観や将来への希望はばらばらではあるが，共通点としてはいずれも向上心を持っているということである。21歳の「プロとしてやりたい」という意見が代表格ではあるが，19歳の「もっとレベルをあげたい」というハンドメイド作品に対する向上心もうかがえる。よって，今回の調査対象者たちはモチベーションが高い人々であるといえよう。

4　今後の課題

　この章では前半にカスタマイズする消費者に，後半に自ら製品を製作する消費者に着目した。今後も市場では製品やサービスがコモディティ化されている傾向が続くと考えられる。しかし，この傾向が続いたとしても，日本のかつての高度経済成長期のような大量生産，大量消費の時代にはならないと考える。これは人口の減少からも推察できる。1954年から1973年までの19年間と現在は世界の状況も異なっており，当時のような神武景気，岩戸景気，いざなぎ景気は期待できない。2020年には東京でオリンピックが開催されるが，かつてのオリンピック景気ほどの大きな経済効果は期待できないと考える。

　このような状況から今後もカスタマイズする消費者は増加傾向にあると推察できる。既存の製品にアレンジを加え，オリジナリティを発揮することは手軽である。また，身近な日用品は手軽に安価で手に入る場合が多い。そこに自分の感性に合致したものを付け加え，あるいは印づけをすることは，大学生だけではなく，他の世代にも共通してできる行為になるであろう。今後の課題としてはカスタマイズする側とされる側の権利の関係である。個人が販売目的ではないにしても，基盤のある上に手を加えるので，法的な関係性を明確にしなければならない。

　ハンドメイドに関しては，現在のようなアクセサリーや雑貨以外にも範囲が広がると考えられる。たとえば3Dプリンターを使用すれば，時間はかかるが，これまでは個人では製作が不可能であったような領域のモノも自宅で製作が可能になる。現在でも一流のアート作品にも劣らない精巧な製品を3Dプリンター

で製作し，インターネットで販売している人々が存在している。彼らの多くは，副業として花瓶，眼鏡フレーム，インテリアを 3D プリンターで製作して販売しているのである。副業については，世の中の多くの企業が認める方向に動いている。これまでは会社に勤務をしながら他に何かをして稼ぐという副業に対しては，否定的であった企業も，今では副業を奨励している傾向がある。それは，かつてのような終身雇用の制度が崩壊しつつあることも背景にある。企業が個人の一生のめんどうをみることにも不安をおぼえているのである。また，働き方改革などで残業が減り，個人が自由に使える時間が確保しやすくなったことも要因である。

　今後の課題としては副業を認める企業が増加することによって，メーカーになる個人が増加するであろう。その場合の決済方法，支払い方法や法的な権利関係が個人対個人として，トラブルを回避しながら，システムが構築できるか否かが課題となるであろう。

　本章の出所の前半は辻幸恵・梅村修が 2018 年 10 月 28 日に同志社大学で開催された第 57 回消費者行動研究コンファレンス（日本消費者行動研究学会）の自由課題部門で口頭発表をした際の要旨集の中から「消費者が購入商品をカスタマイズする要因」を引用している。これをもとに筆者が調査結果などを加筆している。

【参考文献】

井出野尚，竹村和久（2018）「選好形成と消費者行動」『繊維製品消費科学』Vol.59, No.6, pp.26-30

E. ゴッフマン著，石黒毅訳（1974）『行為と演技—日常生活における自己呈示—』誠信書房

E. ゴッフマン著，石黒毅訳（2016）『スティグマの社会学（改訂版）—烙印を押されたアイデンティティ—』せりか書房

大山正，藤永保，吉田正昭編（1978）『心理学小辞典』有斐閣

河越麻佑，岡田みゆき（2015）「大学生の自己肯定感に及ぼす影響要因」『日本家政学会誌』Vol.66, No.5, pp.222-233

平石賢二（1990）「資料　青年期における自己意識の発達に関する研究(I)—自己肯定性次元と自己安定性次元の検討—」『名古屋大学教育学部紀要教育心理学科』Vol.37, pp.217-234

Muniz, Albert M.Jr. and Thomas C.O'Guinn, (2001); *"Brand Community," Journal of Consumer Research*, Vol.27, No.4, pp.412–432

第8章 売り手になる消費者

1 売り手，買い手の役割に対する変化

　メーカーが製品を作り，消費者は購入するという図式はくずれてきた。消費者が自ら作るハンドメイド品によって，消費者は作り手になったのである。また，大量生産ではなくても，売買することが可能になった現在では，消費者も仲介的な役割も担えるようになったのである。この場合，買い手の消費者の意識としては，大手メーカーからのみの購入ではなくても，信用できる相手からならば，あるいは信用ができるサイトからならば，気軽に購入しようという気持ちが働く。

　図表 8-1 に示したように従来ならば，メーカーの工場で生産したものを卸業者が購入し，それを小売業者が購入し，そこから消費者の手に渡ることが一般

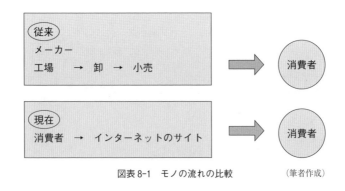

図表 8-1　モノの流れの比較　　　　　　　（筆者作成）

的であった。製品はあくまでもメーカーが作るのである。現在はこの流れ以外にも，売り手になった消費者がインターネットを通じて，直接，買い手になる消費者に販売するルートがある。具体的にはメルカリ（mercari）などを学生たちはよく利用している。メルカリとはフリーマーケットアプリで，2013 年にAndroid 版と iOS 版の配信を開始した。2015 年には 1 日，10 万点以上の出品数を維持した。もともとメルカリとは，ラテン語の「商いする」という意味に由来している。メルカリは，現在，ネットオークションとフリーマーケットをあわせたサービスの中ではヤフオク，楽天オークション，モバオクに次ぐ売上があり，フリマアプリの中では 1 位だといわれている。個人が気軽に出品できること，スマートフォンからのやりとりができることなど，便利さが人々に受け入れられ急成長したのである。自分で作成したハンドメイド作品を，メルカリなどのインターネットを通じて販売することも，あるいは不要になった古着を出品することも，若い世代にとっては当たり前の行為になっている。モノを売っている，商売をしているという感覚よりも，むしろ楽しみで利用している感覚であるともいわれている。また，抵抗なくインターネットを活用して購入しているのである。現時点では消費者は買い手であり，売り手でもある。インターネットを通じて個人の品物が売買され，売り手も買い手もお互いが満足しているのである。

2 | 消費者が売り手になれる背景

1　サイズに対する感覚の変化

　ここでは，ネットオークションやフリーマーケットなどで出品の多い衣服について述べる。衣服はアクセサリーや雑貨と並んで，個人でも製作し，販売することが比較的に容易な品目である。なぜ，容易に売ることができるのかという背景のひとつに，消費者のサイズへの意識の変化が見られる。以下に出品の多いフリーサイズについて述べる。

フリーサイズはJIS（日本工業規格）に記載がないので，実際の正確な大きさはわからない。しかし，フリーサイズと聞けば，たぶん着用できるだろうと多くの人々は感じる。よって，通信販売にしてもアプリによる販売にしても，フリーサイズと表示することによって，買い手の対象範囲は広くなる。しかし，福井，岩川（2012）は，2012年頃の「通信販売会社10社の女性用衣料のうち，フリーサイズ衣料の占める割合は1.5％であった」[1]と述べている。通信販売会社にとってフリーサイズが大きな割合ではないことが理解できる。割合を大きく占めていない理由は，サイズが明確ではないと売れないと通信販売会社が考えていること，また，サイズが曖昧な衣料は品目に限りがあるからである。品目に限りがあるというのは，具体的にはTシャツやゴム入りのスカートなどで，スーツや体にフィットするような下着，パンツ，スカート，タンクトップ，スポーツ系の衣料にはサイズが必要であると考えられることが一般的である。

　そこで，フリーサイズのイメージを文系の大学に在籍している3年生の女子大学生たちに尋ねると，20人中19人がちょっと大きめのMサイズと回答した。M〜Lという表示に近いイメージである。1人はLサイズのイメージだと回答した。

　図表8-2には親世代の意見と女子大学生たちの意見を例示した。親世代はサ

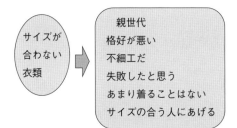

図表8-2　サイズが合わない衣類に対する気持ちや対処法　　（筆者作成）

1）福井典代，岩川真澄（2012）「通信販売における女性用フリーサイズ衣料の実態調査」『繊維製品消費科学』Vol.53, No.11, 80頁を引用。この調査結果として「フリーサイズ衣料表記の方法として，大きさの基準があるものと大きさの基準がないものの2つに大別された。（中略）9号やMサイズを基準としたフリーサイズが大部分を占め，337着中301着であった」と述べている。

イズが合わないことを「格好が悪い」と感じているが，女子大学生たちは多少，サイズが合っていなくても，着こなしで補正できると考えている。具体的には長すぎるセーターやブラウスならば，ウエストラインでベルトをすればよいという回答があった。ウエストが大きすぎた場合もベルトで調整できるという。また，袖が長すぎるのであれば，アームバンドで長さを調整すればよいという回答もあった。ズボンも同じで長すぎる場合は，裾を折り返しておけばよいという。サイズが合わない衣服を最終的にどのようにするのかという処置も世代差が明確であった。親世代は「サイズの合う人にあげる」と述べた。女子大学生たちは「メルカリで売る」という意見が大半を占めた。メルカリでなくても，イベントがあれば売る，買い取ってくれる店舗に持ち込むという意見もあった。

　さて，サイズが明確ではなくても，つまりフリーサイズでも購入したいかと尋ねたところ，女子大学生たちは，自分が着用できそうであれば，サイズは関係なく購入すると 20 人全員が回答した。特に店舗であれば，試着が可能なので，サイズ表示はまったく気にしないという意見が 20 人中 18 人であった。一方，女子大学生たちの 20 人の母親たちに同じ質問をすると，フリーサイズのイメージについては，L サイズが 8 人，M ～ L サイズが 7 人，M サイズが 5 人であった。また，サイズに関係なく購入すると回答した者は 10 人であった。サイズ表示を気にすると回答した者は 10 人であった。女子大学生たちの母親たちの平均年齢は 51.5 歳であった。明らかに若い学生世代の方がサイズを気にしていないことがわかる[2]。サイズを気にしない世代に対しては，メーカーのようにサイズをそろえる必要がないので，誰もが売り手になりやすいのである。

　なお，サイズによる研究では布施谷，高部（1998）が調査結果から「女子短大生の服種別着用サイズは M サイズが多く，ブラウスでは 70 ～ 80％，シャツブラウスでは 60 ～ 70％が M サイズであった」と述べている。圧倒的に1998 年当時の女子大学生たちは M サイズを着用していたことがわかる。ただし，消費者である女子大学生たちの選択が正しいサイズとは限らないことを片

2）世代差については，和泉志穂，赤岡仁之（2015）が，自動車使用時に重視する感覚項目に，新人類と新人類 jr 間で，16 項目中 9 項目で有意差があったことを述べている。

瀬（1994）が指摘している[3]。

　結論として，サイズを気にしない消費者が増えれば，売り手としても売りやすい環境なのである。

2　多様な価値を認める背景

　大量生産，大量消費の昭和時代では，消費者の価値観は似ていた。価値観が似ていたからこそ，同じようなテイストの衣服が多くの人々に受け入れられ，それらが大流行したのである。また，価値観が似ているからこそ，住宅も同じようなタイプが売れ，食生活も似ているので，好まれる食品や食材も似ていたのである。

　多様化の時代になると，それに伴い人々の価値観も多様になり，必ずしも周囲の人々と同じテイストの衣服，同じタイプの住居，同じような生活を望むことがなくなってきた。そのため，売る側も大量生産ではなく，購入する対象を絞るような製品を提案するようになった。老若男女が共通して購入する製品を作ることが困難になったからである。そのような状況の中でやがて「オタク」と呼ばれるその分野に特化してこだわりを持つ人々の活躍が 2000 年以降に顕著になってきた。これが後のこだわる消費者へと繋がっていくのである。そして，現在は大量に何かを生産しなくては，売れない時代ではない。大量に生産しなくてもよいのであれば，個人が製作しても対応できるのである。衣服はすでにメーカーですら小ロットでの生産をはじめ，在庫を減らすために，過剰な生産はしていない。売り切りという形で，目の前の製品（売り場では商品）がなくなってしまえば，新たに同じ製品を生産するのではなく，その製品を生産せずに，異なる新たな製品を作り出すのである。よって，多様な価値を認め，生産数が少ない現在だからこそ，消費者自身が作り手になり，そして売り手になれる環境なのである。

3）片瀬は「上半身用衣服では，約 60%の被験者が 9 号サイズを選択していたが，実際のバストサイズに換算すると，9 号に当てはまらないケースが全体の約 66%も存在した」と調査結果を報告した。

3　副業をする機会

　大企業の中でも副業を奨励する企業がある。世の中でも副業を認める傾向にすすんでいる。この背景には終身雇用制度がくずれ，同じ会社に長く勤務するという意識が若い世代を中心に失われているからである。転職をして当たり前の世の中なのである。また，高齢化により，平均寿命が伸びたことも原因である。厚生労働省の「平成29年簡易生命表」では男性の平均寿命は81.09歳，女子の平均寿命は87.26歳と過去の最高記録となったことが示されている。現時点では定めている定年退職の年齢を60歳としている企業が全体の79％を占めている。1994（平成6）年に60歳未満を定年とすることを禁止され，2000（平成12）年には65歳までの雇用努力をうながし，2012（平成24）年には希望者は65歳まで雇用継続できるように義務を課した。このように定年の年齢を少しでも引き上げようと政府は企業に対してアプローチをしている。60歳で定年となっても男性であれば，そこから20年間は寿命がある。

　また，働き方改革によって，残業をしない方向に世の中はすすんでいる。寿命が伸びて人生の時間が増し，残業をしない時間は自由な時間として使えるようになったのである。副業はセカンドライフを豊かにするためのものであり，現在の主流の仕事がうまくいかなかった場合のリスク・ヘッジでもある。たとえば副業の中には3Dプリンターなどで製作したものを販売することもあれば，廃棄物に手を加えてリサイクル商品やリユース商品として販売することもできる。副業を認める風潮が消費者を売り手にできる機会を与えているのである。

3　購買行動の変化

1　シェアという新しい活用方法

　嫌消費という言葉が流行したことがある。これは若者たちが旅に行かなくなったこと，自家用車を購入しなくなったこと，お酒を飲まなくなったことな

どを例示して，消費に消極的な様子を表現した言葉であった。その後の研究でも，若者たちが消費に積極的なわけではないということが示された。たとえば，旅をしなくなった理由としては自宅にいても，世界中のニュース，風習，風景を見ることができる環境が整っているので，わざわざ時間とお金をかけて世界に行かなくなったと説明された。未知の世界への憧れは，情報という形でいくらでも手に入るため，強い憧れがなくなったのである。自家用車については，駐車場の確保，税金，メンテナンスを含めると，常時，手元に置いておくよりも，必要な場合にレンタカーを利用した方がコストも低いのである。合理的になったといえよう。

　また，昔のように自家用車にステイタスを求める若者が減少したことも，自家用車を持たない理由である。テレビのCMでは「いつかはクラウン」というキャッチフレーズが使われていた頃は，クラウンを所持することが，成功者としての証であり，大人の格好良さを表現していたが，現在はそのような自家用車を通じてステイタスを示すことが以前よりも少なくなったと考えられる。これらの相違を図表8-3に示した。

　このようにかつての若者たちが消費していたものを，今日の若者が消費しなくなったとはいえ，大学生たちはかつてなかったゲームやスマートフォンにはコストをかけ，身近なアジア圏の国々にはリピーターとして週末にでかける手軽な旅を楽しんでいる。その旅は，かつてのようなバックパッカーではなく，標準的な宿泊先を利用し，ショッピングや飲食を楽しむためのものである。

昭和時代の若者		平成・令和時代の若者
人生の中で貴重な経験の旅 バッグパッカーとして放浪 自動車に憧れがある 車種にステイタスを感じる		飲食やショッピングの旅 コストパフォーマンスの良い宿 自動車の所有に冷淡である 車種にステイタスを求めない

図表8-3　昭和時代と平成・令和時代の若者の特徴　　　　（筆者作成）

　さて，シェアという行為は，新作や新品であることを求める気持ちは少ない。誰かが先に使用していたとしても，それを自分が使用することに抵抗が少ない。一緒に使用するので，無駄な部分がなくなるのである。シェアは効率的な行為である。

　シェアによく似ている行為でレンタルもあげられる。特に衣類のレンタルが流行している。インターネット上で注文をすれば，自宅に「借りた」衣類が届けられ，誰でも気軽に「借りる」ことができるのである。それは一方で，誰でも「貸す」側にもなれるということである。部屋を二分してルームシェアを提案することもできれば，自分の自家用車を「貸す」こともできるのである。「貸し手」になることが容易になったのである。

　シェアは買うという行為の他に製品やサービスを手に入れる方法である。借りる側にも貸す側にも，今はどちらの立場になることができる時代なのである。

2　こだわりを共有する消費者

　「オタク」という言葉は少し前まではネガティブなイメージであった。しかし，「オタク」たちの経済効果は大きいのである[4]。たとえば，コミック分野で年間 830 億円，アニメ分野で 200 億円，組立 PC 分野で 360 億円の市場規模を有している。最近は芸能人などに興味を持つこともオタクを言われているが，その市場規模は 610 億円といわれている。こだわりを共有するオタクたち，すなわち消費者は，自分のコレクションの中から不要になったものを売ることもある。同じ価値観を持っている仲間に対して，売買をする方が有意義だと考えている。情報も仲間うちで共有できているので，売買価格も安定しており，売る側としても安心して販売できる相手なのである。

　2019（令和元）年 1 月上旬に塚本，佐藤（2019）がゲームに興味が深い男子

4）オタク市場として紹介されている分野は，コミック，アニメ，芸能人，ゲーム，映画，組立 PC，自家用車，AV 機器，IT ガジェット，旅行，ファッション，カメラ，鉄道などである。ちなみにファッションオタクは圧倒的に 20 代に多い。これは野村総合研究所オタク市場予測チーム（2005）『オタク市場の研究』東洋経済新報社 221 頁の図表 5-10-1　ファッションオタク性年代分布に示されている。特に 20 代の女性に多いことが示されている。

大学生 10 人に対して，インタビュー調査を実施した。いずれも 3 年生で文系の私立大学に所属している。居住地は大阪府と兵庫県である。質問項目は，アプリの所持数，一日のゲーム使用平均時間，ゲーム機の所持数，不要になったゲームの売り方の 4 項目とした。その結果，アプリの平均所持数は 18.5 個，1 日のゲーム使用平均時間は 2.5 時間，ゲーム機の所持数の平均は 2.5 台，不要になったゲームの売り先は電気店，中古品買取店が多く，ここではメルカリと回答した者は 1 人だけであった。電気店や，中古品買取店が多い理由は，そこに行けば確実に価値を理解して購入してくれるからだということであった。メルカリに出品しない理由は，送料や梱包などがめんどうだという意見が多く，また返品されたときの処置もめんどうに思うとのことであった。電気店や中古品買取店では，その場で現金化され，めんどうではないことから利用されることが多かった。このように売る側の消費者の考え方によっては，インターネットが普及していても，それを利用しない場合がある。

　こだわりを持つ消費者は，こだわる商品が高額でも購入するという傾向が見られる。そこでは価値さえ認められれば，新品ではなくても高額で売れる機会がある。カードゲームの特別なカードなどはその例である。個人が収集していたものの中から，つまりコレクションの中から価値のあるものを販売する場合は，まさにこだわる人々が販売対象なのである。

3　リユースへの認知

　「自分では着なくなった衣類をメルカリで売りました」という話は珍しくはない。先にも述べたがインターネットのサイトにはファッションに関する商品を売買するサイトがある。利用する側も提供する側も消費者なのである。このリユースを認める風潮が，消費者を売り手にした背景のひとつである。自分が一度，袖をとおしたもの，いわゆる古着を売るという感覚が当たり前になってきたので，手元にいつでも売れる商品を所持していることになる。

　この意識を支える中に，エコへの関心，環境への配慮などがある。橋本，小林（2010）は衣料品の廃棄およびリサイクルの意識と環境への関心度に関する

調査を実施した。対象は女子大学生とその母親たちである。女子大学生たちは母親たちと同じく，身近に行えるリサイクルに対しては実施しているが，「情報を入手して，自発的にリサイクルに協力する行為はあまり行われていない」という結果であった。結論としては，女子大学生たちよりも，母親たちの方が，衣料品の廃棄に関する意識が高い傾向にみられたのである[5]。さらに，橋本，小林は今後の方策として「今後，衣料品の廃棄を主に行うことになるであろう女子大学生の廃棄やリサイクルに対する意識を高めること」の重要性を指摘している。また，「母親から子へ消費者が身近に行える衣服を再使用，長期使用するための扱い方を伝授することが重要である」と指摘している。

　環境への関心が高い人ほどリサイクルを利用するといわれているので，環境への関心を高めることも重要であると考えられる。そして，廃棄を避けるためのひとつの方法として，リユースとして販売する方法がある。リサイクルとして布などを再生することは，メーカーのように技術がなければ実践できないが，古着としての活用や販売は誰にでも可能である。ただし，ファストファッションのように流行のサイクルが短いものは，リユースには向かないともいわれている。鷲津，水嶋，安藤，宮本，伊藤（2016）はファストファッション製品の使用状況と着用後の処分方法に関する調査を2014（平成26）年に愛知県内の大学に通う大学生468人とその保護者167人を対象に実施した。結果，ファストファッション製品の使用状況として購入経験があると回答した大学生は92.7％，保護者は96.1％でともに高い数値となっている。着用期間は大学生が1年未満，保護者が2年以上という回答が多かった。着用後は大学生がゴミとして廃棄が多く，保護者は地域の資源回収システムを利用するという回答が多かった。ただし，大学生と保護者の中にはリサイクルショップへ売却するという回答も見られた[6]。

5）橋本光代，小林茂雄（2010）「衣料品の廃棄およびリサイクルの意識と環境への関心度に関する女子大学生と母親の比較」『繊維製品消費科学』Vol.51, No.1, 69頁引用。また同頁には，「身近にリサイクルに協力できる環境づくりや，他者からのリサイクル行動を促す働きかけ，リサイクル対策を推進し，その情報を周知させることが，衣料品のリサイクル意識を向上させるためには有効である」と述べられている。

4 インターネットの活用

インターネットの活用をはじめ，スマートフォンを使っての撮影など，従来であれば，個人ではできない範囲を多くの人々が活用可能になったことも，消費者を売り手にした要因である。たとえば，「インスタ映え」という言葉があるが，自身で写真撮影をして，それをブログやツイッターに掲載することはスマートフォンさえあれば誰にでもできることである。その機能を利用して，自作の商品を販売することも可能である。従来であれば，商品の広告用の写真を個人がとることは技術的にもむずかしいことであった。専門家であるカメラマンがいかに，その商品を美しく撮るかによって，商品の売れ方にも差があったほどである。また，商品の写真がうまく撮れたとしても，個人では，それを広告するツールがなかったのである。看板を作るにしても，電車での吊り広告をするにしても，莫大な費用がかかるからである。今ではスマートフォンの一つの機能である「カメラ」を使用し，個人でも撮影した写真を加工することが可能である。それを SNS でひろめ，広告すれば，不特定多数の消費者の目にふれる機会がある。このインターネットの活用が消費者を売り手にすることができた原因のひとつである。

図表 8-4　マーケティングの 4P に対する売り手である消費者の対応

要素	既存のメーカー	売り手である消費者
製品	メーカーの大量生産	個人での少量生産
価格	統一的な価格	ランダムな個人的な価格
広告	看板・吊り広告・雑誌テレビ CM をはじめとするメディア全般広範囲の消費者へ	ツイッター，ブログインスタ，SNS口コミ身近な，狭い範囲へ
流通	配送物流システム宅配便	個人が扱える郵送宅配便

(筆者作成)

---

6) 鷲津かの子，水嶋丸美，安藤文子，宮本教雄，伊藤きよ子（2016）「ファストファッション製品の使用状況と着用後の処分方法に関する調査」『繊維製品消費科学会』Vol.57, No.5, 59-64 頁を参考にした。

　図表8-4にこれまでの売り手になりうる消費者の対応をマーケティングの要素別に示した。注目すべき点は広告の欄である。メーカーも同じようにSNSを駆使して，商品やサービスをアピールしているが，消費者に伝わらないことがある。その原因としては信頼度があげられている。メーカーからの情報，つまり広告よりも，同じ目線の消費者のコメント（意見）の方を重視したり，信用したりする傾向があるといわれている。これは同じ消費者という立場で仲間意識が働くからである。中高生や大学生たちも教員や大人たちの情報よりも，同級生や先輩たちからの情報を重視する傾向があるように，消費者は同じ目線の消費者からの情報を重視しているのである。

　インターネットでは，消費者に影響を及ぼす人としてYouTuber（ユーチューバー）が例示できる。小学生たちが将来なりたい職業として2017（平成29）年に4位にランキングされ，注目を集めた。ちなみに2018（平成30）年では3位にランキングされている。YouTuber（ユーチューバー）は継続的に動画を独自に製作し，公開している者の総称である。収入源は動画再生による広告収入である。このようにかつてマーケティングの要素のひとつであった広告も，消費者自身からの情報発信ができるようになった。そのことによって，かつて会社が情報を発信する広告も，今や個人ができる環境なのである。twitterやチャンネルに何万人ものフォロワーを持つYouTuberもたくさんいるのである。彼らが何かをツイートすることによって，売れる商品が誕生するのである。これはもはや企業の手を離れた消費者からの商品情報である。

5　売り手になる消費者の特徴

　すべての人々が売り手になる機会はある。しかし実際に売り手になっている人々とそうではない人々が存在している。ここでは売り手になっている人々の特徴について述べる。

　最初に売り手になるためには，何か売る商品かサービスを持っていなければならない。商品であればハンドメイド品，あるいは収集品などが例示できる。

サービスであれば，労働を提供し，何かの特技があれば，それを提供できよう。家事代行などもその範疇に入る。つまり，売り手になる消費者の特徴は個人的に自身の商品を持っているか，技術を持っている人々である。次に，提供するツールを持っている人々でもある。ツールはスマートフォンであり，インターネットを使用するためのパソコンが例示できる。あるいは，イベントでの出品であれば，そこに行くための自家用車を有していることもある。イベントに使用する机やレイアウト用の小物も所持していることが考えられる。このように売るために使用するツールが必要である。さらに，販売するための知識やコミュニケーション能力が必要である。商品説明はもちろん，商品の良さだけではなく，来歴や価値を買い手側に伝える力が必要なのである。また，クレームに対応するコミュニケーション能力と対応できるシステムを有していなければならない。また，どのようにしたら売れるのかを工夫するために，情報収集能力やアイデアを出せる力も必要である。

　このようにモノ（商品など）を持ち，ツールを持ち，そしてコミュニケーション能力を持っている人々が売り手になる消費者の特徴である。

【参考文献】

和泉志穂，赤岡仁之（2015）「消費者行動における感性価値の研究—複数の感覚項目の関係性および性差・世代差からの検討—」『繊維製品消費科学』Vol.56, No.7, pp.35-41

片瀬眞由美（1994）「衣服設計を目的とした成人女子体幹部形状の把握—既製服サイズ選択の問題点—」『金城学院大学論集　家政学編』Vol.34, pp.17-25

橋本光代，小林茂雄（2010）「衣料品の廃棄およびリサイクルの意識と環境への関心度に関する女子大学生と母親の比較」『繊維製品消費科学』Vol.51, No.1, pp.61-69

福井典代，岩川真澄（2012）「通信販売における女性用フリーサイズ衣料の実態調査」『繊維製品消費科学』Vol.53, No.11, pp.80-85

布施谷節子，高部啓子（1998）「既製服のサイズ選択と衣服のゆとり」『日本家政学会誌』Vol.49, No.2, pp.131-138

野村総合研究所オタク市場予測チーム（2005）『オタク市場の研究』東洋経済新報社

鷲津かの子，水嶋丸美，安藤文子，宮本教雄，伊藤きよ子（2016）「ファストファッション製品の使用状況と着用後の処分方法に関する調査」『繊維製品消費科学』Vol.57,

No.5, pp.59–64

【その他】
塚本和也，佐藤豪，田中健一「「ゲーム」のツールと使用金額の変化」という一般社
　団法人日本繊維製品消費科学会が主催する 2019 年次大会会場：奈良女子大学での
　口頭発表を参考とした。

第9章　「ハレ」の場を意識する消費者と和への回帰

1　「ハレ」の意味

　「ハレ」と「ケ」という言葉の意味を述べる。「ハレ」は「気象現象では晴天の意味があるが，はれがましい，正式，おおやけ，はれがましいこと」という意味がある[1]。これに対して反対語の「ケ」は，「おおやけではないこと，よそゆきではないこと，ふだん，日常」という意味がある[2]。いわば「ハレ」は特別な装いでフォーマル，「ケ」は普段着でカジュアルということになる。

　では，現代の「ハレ」の場とは何か。2009（平成21）年に実施した調査結果では，大学生のイメージでは「式」に関する場が多かった[3]。大学生にとって，入学式や卒業式という儀式はフォーマルシーンである。冠婚葬祭の中の大きなシーンのひとつで，人生の節目でもある。いわば人生の「ハレ」の舞台なのである。一方，学生たちにとって，成人式や結婚式という式だけではなく，身近な「ハレ」の場もある。たとえば，コンパやクリスマスパーティなどに誘われた場合も，いつもの普段着というわけではない。彼らはコンパなどに行く時の装いを「勝負服」と言う。

1）　新村出編（2018）『広辞苑　第7版』岩波書店，2405頁参照。
2）　同掲書，891頁参照。
3）　辻幸恵（2010）「賢い消費者の価値生活　近未来生活と消費者行動論研究」『繊維製品消費科学』
　　Vol.51, No.3, 37頁 Fig.3学生たちへのインタビュー結果（2009年）に結果を示した。あなたにとっての公式の場・状況は？という質問に対しては，成人式，結婚式，葬式，入学式，卒業式と回答され，冠婚葬祭や大学行事があげられた。

　「ハレ」の日と「ケ」の日との差が最近の傾向としては明確になりつつあると考えられる。たとえば，昭和50年代には結婚式や卒業式に普段着で出席する若者もいたが，批判はされなかった。しかし，現時点では少なくとも卒業式や成人式に普段着で出席する大学生はほとんど見当たらない。彼らにとって「ハレ」の日には，それにふさわしい装いをするという暗黙の了解がなされている。

2　「ハレ」の装い

　昨今の成人式では女子の装いは振袖が主流であり，大学の卒業式では女子は袴姿が主流となっている。「ハレ」の装いとしての振袖姿や袴姿は，今やブームといえるほど多くの女子の装いとなっている[4)][5)]。そこでは，女子の振袖姿には伝統的女らしさや信頼性という基準があり，普段着の選択基準とは異なっていた。普段着では値段，流行，異性のアイシャワーを選択基準に入れていた[6)]からである。

　さて，辻（2015）は男子の成人式での装いの選択基準を明らかにした。選択基準は，同性からの評価が高い（3.5），目立つ（3.5），特別感がある（3.8），見栄えがする（3.8）などが高得点を得た。（　　）内の数値は5段階尺度の平均値を示している。1と2がネガティブ，3がニュートラル，4と5がポジティブな評価という尺度を用いた。数字が大きい（つまり5に近い）ほど，その項目に対しての選択意思が強いことを示す[7)]。結果から，男子大学生たちは成人式に対する特別感があり，同性の評価が高く，他者よりも目立ち，さらに見栄えがするような装いを求めていることになる。この結果を裏付けるように，

4) 辻幸恵「振袖に対する男子大学生のイメージ」日本繊維機械学会第66回年次大会口頭発表，会場：大阪科学技術センター，2013/5/31
5) 辻幸恵「振袖に対する女子大学生の選択基準」日本繊維機械学会第67回年次大会口頭発表，会場：大阪科学技術センター，2014/5/30
6) 辻幸恵「普段着に対する男子大学生の選択基準」繊維学会2014年年次大会口頭発表，会場：タワーホール船堀（東京），2014/6/12
7) 辻幸恵「成人式に着用する衣類に対する選択基準」繊維学会2015年年次大会口頭発表，会場：タワーホール船堀（東京），2015/6/10

2015（平成27）年の成人式に羽織・袴の装いで参加をしたある男子大学生は「と
にかく目立ちたかった。」「自分にとって成人式は一生に一回だけしかない特別
な日なので，思い出に残る装いとして，羽織・袴を選んだ。」「黒の羽織には，
銀で刺繍が施されているが，とても見栄えもするし格好がよい。友人もすごい
と言って称賛してくれた」と辻のインタビューに答えている[8]。

　辻は大学生たちが「ハレ」であると思える場を調査した後，その場へ参加す
るために，どのような衣類を選択しているのか，その基準を明らかにしたが，
それは若者の消費傾向を解明することに通じると考える。

　若者の消費の二極化の原因が単純に若者たちの経済状況だけにあるわけでは
ない。消費の二極化とは，たとえばルイ・ヴィトンの鞄を使用している女子大
学生が，日用品は100円均一ショップでまかなうような現象である。つまり，
自分自身の興味や関心事には惜しみなくお金を使うが，それ以外のモノは少し
でも安価で済まそうとする態度のことである。モノとしたのは製品だけではな
く，たとえばつきあいでアフターファイブに飲みに行くことも，興味がなけれ
ば断り，必要な人間関係にしか金銭を使用しないことも含まれる。一時期は若
者の嫌消費がクローズアップされたが，嫌消費の中身も形をかえた消費の二極
化であるといえよう。嫌消費では若者の車離れやテレビ離れの現象が例示され
たが[9]，彼らはある時期の若者が欲しがった自家用車よりも他にほしいものが
あり，自動車を必要とするライフスタイルではなくなっただけなのである。テ
レビ離れというが，彼らの娯楽がテレビではなくなり，インターネットへと変
化をしただけである。このようにかつて「ハレ」として若者が憧れ，ステイタ
スを示していた自家用車や，「ケ」であったテレビが時代と共に変化をとげた。
よって，「ハレ」の場をどのようにとらえ，どの程度のお金をかけることがで
きるのかということを明らかにすることは，次世代の消費の予測に結びつくで

---

8) 2015（平成27）年1月神戸市の成人式に参加をした男子大学生10人に対して，筆者が装いについ
てインタビューをした。装いを選択した理由，実際に成人式で着た感想，周囲の評価，式の後の感
想をたずねた（定性調査）。
9) 松田久一（2009）『「嫌消費」世代の研究』東洋経済新報社

あろう。

3 学生たちの「ハレ」の場とその場にふさわしい服装

　調査対象者は兵庫県に在住の私立大学に在籍している3年生40人（男子20，女子20），実施期間は2014（平成28）年10月15日であった。「ハレ」の場と思う場面や過去に「ハレ」の場面であった経験などを思い出しながら，その場面にふさわしい服装をA4サイズの紙に記述させた。その結果，学生たちが「ハレ」と思う場面は以下の17の場面であった（図表9-1）。なお，表彰式と回答をした者は1人，運動会と回答をした者は3人となった。あとの場面の回答は4人以上（10%以上）の回答となった。

図表9-1　学生たちが「ハレ」だと思う場面

結婚式，成人式，卒業式，入学式，入社式，文化祭，試合・大会，イベント，卒業発表会，学会発表，運動会，学芸会，企業訪問，面接，コンパ，初デート，表彰式

（筆者作成）

　また，彼らが「ハレ」の場面にふさわしい服装としてあげた品目を図表9-2に示した。図表9-2には回答が多かったものを代表として5位まで示した。ただし，同数になった場合は品目を5つ以上，表内に示している。図表9-2からは全体的に男子よりも女子の服装の品目数が多いことがわかる。

　また，男女ともに企業訪問と面接（就職活動）は同じ服装で，どちらもスーツに白のカッターシャツあるいはブラウスになった。特にスーツは大学のキャリアセンターなどの指導により，無地の黒か紺が定番になっていると考えられる。

4 学生たちが「ハレ」の場での装いを決める基準

1 基準設定と調査概要

　前述の2014年10月15日の調査結果から，服装の選択基準として22の基準が得られた。それらは，場面に似合うか否か，自分に似合うか否か，場所にあっているか（格式），値段，色，流行，サイズ，対人関係，ステイタス，素材，手持ちのアイテムとの関係，耐久性，洗濯ができるか否か，保管方法の容易さ，重量，ブランド，アピール度が高いか否か，華美さ，無難さ，センスの良さ，上品さ，品質の22である。なお，場所とは美術館やホテルなどの物理的な場所で，場面とは結婚式や成人式という状況を指している。

　この22の基準を質問項目として使用し，関西圏に在住の大学生568人（男子310，女子258）を対象に調査を実施した。彼らは私立共学大学に在籍している。回収率78.7%で447人（男子248，女子199）となった。男子の内訳は19歳：70人，20歳：92人，21歳56人，22歳27人，23歳3人であった。女子の内訳は19歳60人，20歳71人，21歳49人，22歳18人，23歳1人であった。いずれも19歳以上23歳以下の大学生を調査対象とした。

　実施期間は2014年11月上旬から下旬である。アンケートに回答する前に本調査結果は学術目的以外に使用せず，回答者個人の特定ができない旨を調査対象者である大学生たち全員に説明をした。その際に，同意を得ない者には調査をしなかった。回答は記述と5段階尺度を用いた。その後，アンケートに使用する調査票を配布し，集合調査法を用いた。60分で回答をしてもらった。調査票を回収した後，記述ミス（○を複数つける，回答されていない等）を省いた結果，最終的に使用できるデータ（有効回答数）は男子242，女子195，合計437人となった。

図表 9-2　場面とそこにふさわしい服装

女子	
結婚式	フォーマルドレス，ワンピース，スーツ，カラードレス，ロングスカート
成人式	振袖，袴，ファーの肩掛け，ドレス，スーツ，ワンピース
卒業式	袴，振袖，スーツ，ドレス，ワンピース，ロングスカート，スカーフ
入学式	無地のスーツ（黒，紺），ブラウス（白，ピンク，ブルー）
入社式	無地のスーツ（黒，紺，グレー），ブラウス（白）
文化祭	ミニスカート，カーディガン，カジュアルパンツ，ジャケット，ブーツ
試合・大会	ユニフォーム，ジャージ，スーツ，ブレザー，ポロシャツ
イベント	カラージャケット，フリルのブラウス，ミニスカート，ワンピース，Ｔシャツ
卒業発表会	無地のスーツ（黒，紺），ブラウス（白）
学会発表	無地のスーツ（黒，紺，グレー），スーツ（細いストライプ），ブラウス（白，青）
運動会	ジャージ，学校指定の運動着，カジュアルなフード付ジャケット，Ｔシャツ
学芸会	カジュアルウェア，ジーパン，スカート，シャツ，長Ｔシャツ，ワンピース
企業訪問	無地のスーツ（黒，紺），ブラウス（白），黒のパンプス，髪留め・ゴム（黒，紺）
面接	無地のスーツ（黒，紺），ブラウス（白），黒のパンプス，髪留め・ゴム（黒，紺）
コンパ	ワンピース，カーディガン，ロング丈ニット，ミニスカート，ブラウス，ジャケット
初デート	カートソー，ブラウス，カーディガン，スカート，きれいなシャツ
表彰式	スーツ，ブラウス（白），ブレザー（紺），シャツ（白），スカート
男子	
結婚式	スーツ，ブレザー，ネクタイ（白）
成人式	スーツ，羽織・袴，ネクタイ
卒業式	羽織・袴，スーツ，ブレザー，コート，ネクタイ
入学式	無地のスーツ（黒，紺），カッターシャツ（白，ブルー），ネクタイ
入社式	無地のスーツ（黒，紺），カッターシャツ（白），ネクタイ
文化祭	ジーパン，綿パン，カーゴパンツ，シャツ（柄，チェック），Ｔシャツ
試合・大会	ユニフォーム，スーツ（紺，黒），ネクタイ，スポーツウェア，シャツ
イベント	スーツ（黒，紺，グレー），ユニフォーム，ジーパン，Ｔシャツ
卒業発表会	無地のスーツ（黒，紺），ブラウス（白）
学会発表	無地のスーツ（黒，紺），スーツ（細いストライプ），カッターシャツ（白，ブルー）
運動会	ジャージ，Ｔシャツ
学芸会	ジーパン，セーター，ジャケット，綿パン，ベスト
企業訪問	無地のスーツ（黒，紺），ブラウス（白）
面接	無地のスーツ（黒，紺），ブラウス（白）
コンパ	シャツ，ズボン，綿パン，長Ｔシャツ，ジャケット
初デート	ズボン，襟付き無地シャツ，ジャケット，ジーパン，Ｔシャツ
表彰式	スーツ，カッターシャツ（白），ネクタイ

（筆者作成）

2 「ハレ」の場だと認識した場

予備調査結果から得られた17場面（図表9-1）をフォーマルな場面だと強く認めるか否かを質問した結果，「式」とついたものには強く認めるという意見が多く得られた。男女別にその割合を図表9-3に示す。縦軸には回答者の％を示し，横軸には場面を示した。なお，表彰式は1人のみの回答であったため，削除した。よって17場面が図表9-3では16の場面になっている。

女子は圧倒的に「ハレ」の場面を結婚式と成人式の2つに認めているが，男子は結婚式が多いものの，成人式は卒業式と同列で，卒業式や入学式，入社式，文化祭などの割合は変わらない。男子大学生はイベントや企業訪問などもフォーマルな場として強く意識していることがわかる。具体的な服装については男子大学生の場合は，圧倒的にどの場面でもスーツが多く，コンパと初デート以外は80.0％以上の割合で選択されていた。女子大学生は具体的な服装の幅は広く，式でもスーツ以外にもワンピースやブレザーなど多様であった。ただし，品目別にみると，フォーマルを意識しているので男女ともにスーツが多く回答され，大学生たちのフォーマルウェアがスーツであることを示している。

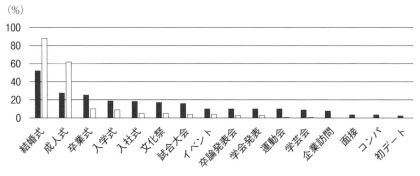

図表9-3　「ハレ」だと回答された場面の男女の割合（棒グラフは黒：男，白：女）

（筆者作成）

3 選択基準の男女差について

　選択基準の男女差があった項目は流行，華美さ，対人関係，ステイタス，ブランドの5項目であった。それらの平均値と標準偏差を図表9-4に示した。

図表9-4　男女差が得られた質問項目

質問項目	男子		女子		検定
	平均値	標準偏差	平均値	標準偏差	結果
流行	2.75	0.65	3.90	0.44	＊＊
華美さ	3.59	0.58	3.90	0.56	＊
対人関係	3.70	0.56	3.20	0.82	＊
ステイタス	3.95	0.48	3.20	0.58	＊＊
ブランド	2.90	0.80	3.81	0.64	＊＊

注）平均値の差の検定を用いた。＊：5%，＊＊：1%　　　　　（筆者作成）

5 「ハレ」の装いの選択基準構造

　事後調査として「式」のつく場面と「式」のつかない場面に分け，また男女別にそれぞれ重視する選択基準の構造を知るために因子分析（主因子法・バリマックス回転）を用いた。図表9-5に男子大学生の「式」の場面での選択基準構造を示した。

　同様の手順で因子分析をした結果,「式」の場面の女子大学生は,第1因子「ブ

図表9-5　場面における選択基準の構造（男子大学生）

場面		1因子	2因子	3因子	ネーミング
「式」の場面	ステイタス	0.821	0.015	−0.058	
	場所にあう	0.780	0.021	−0.124	「ステイタス」
	場面にあう	0.670	0.018	0.002	
	上品さ	0.189	0.784	0.028	
	無難さ	0.101	0.623	0.042	「上品さ」
	素材	−0.008	0.588	0.087	
	対人関係	0.025	−0.185	0.654	
	値段	0.014	−0.004	0.588	「対人関係」
	手持ち	0.025	−0.058	0.541	
	寄与率%	25.2	18.4	10.2	累積寄与率53.8

（筆者作成）

ランド」第2因子「華美さ」第3因子「センスの良さ」となった。また「式」ではない場面の男子大学生は，第1因子「ブランド」第2因子「ステイタス」第3因子「対人関係」となった。「式」ではない場面の女子大学生は，第1因子「センスの良さ」第2因子「アピール度」第3因子「流行」となった。

　男子大学生の場合は「式」の場面でも「式」の場面ではなくても因子にステイタスと対人関係が入った。つまり男子大学生の場合は「ハレ」の場ではステイタスと対人関係が大きな要素なのである。男子大学生たちが「式」と「式」以外との装いの基準がステイタスや対人関係であることに対して，女子大学生の場合は特に，「式」ではない場は自己のセンスはもとより，他者へのアピール度や流行が重視される。「式」の場合はブランドや華美さが重視され，ステイタス（立場）や対人関係（人間関係）よりも自分の感性や好みによっての選択基準が重視されている。

　いずれにしても，大学生たちが有している「ハレ」の場のイメージは「式」が多かった。彼らは「式」にまつわる場所をフォーマルとしてとらえ，対人関係やステイタスを重視する場として認識している。そのような場に出向くときは，相手と自分との立場の違いを考慮し，その場にふさわしいような装いを心がける。社会規範にそぐう装いを心がけていると考えられる。その装いに対する選択基準は調査から22の項目として得られた。そのうち，男子大学生はステイタス，対人関係が主要因となり，これ以外には上品とブランドがあった。女子大学生はセンス，ブランド，華美，アピール度，流行の要素が得られた。

　「ハレ」の場は特別感を男女ともに認識している。大学生たちはブランドや流行を基準に選択するが，「ハレ」の場の公式性が強くなると，男女ともに黒か紺のスーツになった。この黒か紺のスーツは就職活動には不可欠で，企業訪問や面接には必需品となっている。

6	女子大学生の「ハレ」としての振袖と袴

1 振袖と袴の概要

　第二次世界大戦以前は多くの女性は和服中心の生活であった。日本家政学会 (2015) は「和服には TPO により礼装，準礼装，略礼装，普段着といった分類があり，着用する着物，帯，小物類の格を考えてコーディネートする必要がある」と述べている[10]。現在，私たちが和服を着る機会は成人式や結婚式などの冠婚葬祭が中心である。そのような状況の中，女子大学生たちが，成人式には振袖を，卒業式には袴を着用することが多くなったといわれている。よって，女子大学生たちが実際に着用する和服の代表格として，振袖と袴に着目する。袴に関しては「卒業袴」というキャッチコピーも見受けられ，早い時期から袴のレンタルが業者によって受け付けされるようになった。

　袴が儀式に用いられることは現代だけではなく，江戸時代には袴着の祝いとして行われていた。七歳ごろが目安とされていたので，現在の七五三の祝いと重なっている。宮田 (1999) は「袴を着用するという衣装の変化は，それまで性別的には未分離の状況であったのが，たとえば男の子と認知する境界を通過したことを示していた」と述べている[11]。すなわち，袴を着用することが通過儀礼の印であった。袴について述べれば，日本では鎌倉・室町時代に「今まで下着であった小袖を表着とし，それを袴の中に込めて着る上下形式」が武家を中心に装われた[12]。現在，女子に人気の袴姿は江戸時代には女性のスタイルではなかったことがわかる。現在のスタイルである女子学生の袴姿のはじまりは

---

10) 日本家政学会編 (2015)『衣服の百科事典』丸善出版，464 頁引用。続きには「結婚式や成人式などの人跡に節目を祝う場やパーティー，式典などではフォーマルウエアとして和服が用いられる」とある。

11) 宮田登 (1999)『冠婚葬祭』岩波書店，96-104 頁を参考。

12) 山口庸子・生野晴美編 (2012)『新版 衣生活論』アイ・ケイコーポレーション，3 頁コラム 1 衣服の変遷（西洋と日本）から引用。

明治中期からと言われている。「海老茶色でスカート状の行灯袴が考案されると、新鮮で知的な装いとして、女学生が着物・束髪・西洋靴と組み合わせて着用するようになった」[13]。その後、袴が女子学生の制服として採用され、明治30年代には都心を中心に全国に広まったと言われている。上流階級層の子女が高等教育を受けるようになったからである。もちろん、袴は女子学生だけではなく、女性の社会進出により、女工たちにも着用された。これは仕事の折に袴は着物よりも動きやすく、活動的であったからである。このような変遷をたどった袴は、昭和初期までは女子の学校で制服として採用されたが、それ以降は洋装が取り入れられ、女子学生の制服は袴からセーラー服へと変化した。

さて、現在の成人式では袴姿やスーツ姿も見受けられるが、女子は圧倒的に振袖姿といえよう。振袖は「最も格が高い未婚女性の礼装」とされ、特に「成人式には中振り袖から大振り袖が主流であり紋、比翼はつけない」と説明されている[14]。また、振袖には友禅染めが多く、鮮やかな彩色が表現できるため、成人式での華やかな雰囲気の場面に合致している着物である[15]。

装いの行為は自己の価値観のみを優先させるわけではなく、一般的には他者を意識したものであるといわれている。つまり社会的な価値観が反映される。中川（2004）は他者と接触の場合に、最初に印象づけるものであるとして、装いが持つ記号的な意味について述べた。記号的な意味としての振袖は20歳になったことを伝え、袴は卒業する人であることを伝えている。また、服装の社会的機能については、次のように説明されている。「服装には、それ自体がシンボルとなり、周囲に情報を発信する機能がある。」つまり、そのように見える、いわゆる「らしく」することが服装の役割となる[16]。成人式での振袖の着装は

---

13) 日本家政学会編（2015）『衣服の百科事典』丸善出版、479頁引用。ここでは女学生の袴と和服の洋風化について記述されている。引用した文章の後には「明治30年代には全国に広がったが、着物と袴という二部式スタイルは活動的で洋服の感覚に近かった」とある。

14) 同掲書465頁引用。引用箇所の続きとして「本振袖（大振袖）は、花嫁衣裳に用いられ、総模様に紋付、比翼仕立てとなっている」と説明がある。

15) 同掲書536頁参照。ここでは友禅染は「例えば成人式に着用される振袖に用いられ、四季折々の草花や吉祥模様が絵を描くように美しい彩色で表現されている」とある。

20歳になったシンボルである。さらに，伝えるだけではなくそれをパワーであるとするならば，そこには成人として認められる権利（飲酒や喫煙など）やステイタスが含まれる。衣服の「外見のパワー」については高木ら（2004）が訳書の中でスタイルのパワーとして次のように説明している。「衣服は，一般に，着装者に関する情報を伝達し，着装者の内的特性の外部への発現を構成すると考えられている」[17]。そして，カーチマン（Kochman, 1981）は外部への発現が「エネルギーと感情の行使を必要とする」と述べている。このエネルギーの一部がパワーなのである。

辻（2018）は先行研究の調査において，女子大学生たちが被服を選択する場合の基準は，レンタル行動が一般化したことによって，従来とは異なる基準が生じてきたことを明らかにした[18]。式で使用する振袖と袴についても同様のことがいえる。

2 振袖に対する選択基準

1 振 袖 の 価 値

被服には，経済的価値，審美的価値，社会的価値，権力的価値が含まれている。経済的価値は文字どおり，その素材や作成の手間に対する対価である[19]。振袖にはこの経済的価値以外にも審美的価値，社会的価値，権力的価値が含まれている。審美的価値の中には，個人の嗜好が反映され，社会的価値の中には

16）牛腸ヒロミ，佐々井啓，平田耕造，藤田雅夫，布施谷節子，増子富美，石原久代，長山芳子編（2016）『被服学事典』朝倉書店，58頁引用，参考。

17）高木修，神山進，井上和子監訳（2004）『外見とパワー』北大路書房の原書は K.K.P. ジョンソンと S.J. レノンが編集した "Appearance and Power" である。ここでは第6章を参考にした。

18）辻幸恵（2018）「女子大学生の購買行動に影響を及ぼす諸要因—被服を選択する場合の価値観の変化—」『神戸学院大学経営学部論集』第15巻第1号，1-17頁を参考とした。

19）神山進（1997）『消費者の心理と行動—リスク知覚とマーケティング対応—』中央経済社，135頁に記載されたものを引用。そこでは，シュプランガー（Spranger, E.）の提唱した6つの価値を示している。6つとは経済的，理論的，審美的，宗教的，権力的，社会的のそれぞれの価値である。これらの価値観の総合的なあるいは部分的な考え方が人々の購買心理に影響し，商品価値を形成すると説明されている。神山が参考にしたシュプランガー（Spranger, E.）の本は，Spranger, E.（1922）*Lebensformen*, Niemeyer,

成人式という場面が結びつく。権力的価値は今のところは経済的価値と類似である。つまり洋服と異なり、現時点では金額の高低がステイタスに近い目安となっている。洋服の場合であればオートクチュールやブランドが権力と結びつくが、女子大学生たちが着用する振袖はレンタル率も高く、洋服の場合とは異なる。振袖のブランド化については、たとえば川島（2010）は「日本ならではの価値を見直す時期」であると述べ、山形県の鶴岡市のシルクを事例として、「kibiso」（きびそ）を例示している[20]。「kibiso」は従来、繊維素材として用いられてこなかった「きびそ」を繊維とし、ブランド化したものである。振袖においてもブランド化がなされる可能性はある。振袖に新しい価値を付随すればブランド化は実現すると考えられる。

　現時点での女子大学生たちの振袖に対する選択は、予算という価格の選択、流行をどこまで取り入れるかという選択、品揃えの選択の3つがある。これに加えてレンタルの場合はオプションの選択もある。一般的にオプションには小物や履物のレンタル、前撮り写真、写真の装丁などがある。振袖の本体である着物と帯だけでは着装ができないので、帯止め、襟芯、衿カラー、帯板、帯まくら、伊達〆、腰紐、三重仮紐などの着付けに必要な小物に加えて、鞄の代用となる巾着や髪かざりなどもオプションに加わる。また、振袖に似合う髪形にしなければならないので、髪のセット代金、セットする時間、場所も必要になる。このように振袖を着装するためには、単純に着物を着る、レンタルするだけではなく、多くの手間と時間とコストが必要になる。振袖をこれだけの手間や時間やコストをかけて選択すること、着装することはホルブルック（Holbrook, 1982）やハーシュマン（Hirschman, 1982）が提唱した快楽消費の延長線上にある行為である。つまり、成人式に参加するその行為だけではなく、それに至るまでの過程の満足度が振袖という商品の価値につながるのである[21][22]。

20）川島蓉子（2010）「NIPPON ブランドの価値づけこそが必要」『繊維製品消費科学』Vol.51, No.8, 21-26 頁

21）Holbrook, M. B. and Hirschman, E. C.（1982）"The Experiential Aspects of Consumption :Consumer Fantasies, Feelings, and Fun, " *Journal of Consumer Research*, Vol.9, No.2, pp.132-140.

　調査方法は予備調査も本調査も共に，2018（平成30）年5月と6月に実施した質問紙を使用したアンケートである。5月の予備調査は20日から24日に女子大学生30人を対象に神戸市内で実施した。振袖を購入するあるいは，レンタルする場合の金額を明らかにすることを目的とした。この調査では同時に卒業式で着用する袴についても質問をしているが，ここでは振袖と袴に分離して調査とその結果について述べる。

2　振袖に関する予備調査

　振袖に関する質問の内容は以下のとおりである。①振袖を成人式に着て行く予定か否か，また着用予定者はその理由を回答する。成人式に振袖では行かない者はどのようなスタイルで行くか，そのスタイルを選択した理由を回答する。②振袖を購入するか否か，購入した場合の金額である。購入しない場合は業者からレンタルするか否か，またその金額である。購入しない場合で業者からレンタルしない場合は，どこから振袖を調達したかである。③振袖を選択する際に重要であると考えるキーワードを1人につき5つ以上あげてもらった。

　結果は，①振袖を成人式に着た者は28人（30人中）であった。着用予定者の主な着用理由として10人以上の回答を示す。「振袖を着たかったから」23人，「友人も振袖で行くから」18人，「記念になるから」17人，「母親が振袖をすすめるから」16人，「振袖が当たり前だから」12人であった。この質問に対する回答は複数回答を可としている。成人式に振袖では行かない者2人の服装はスーツであった。2人が振袖を着用しない理由は成人式の後に別の予定がある，前日に予定があり着付けに行く時間の余裕がない，であった。②振袖を購入したと回答した者は9人（32％），購入金額の平均値380,500円であった。一方，購入しなかった者は68％になった。購入しない場合で業者からレンタルしたと回答した者は18人で購入しない者21人中の86％である。振袖のレンタル料金の平均は95,000円であった。購入しない場合で業者からレンタルしなかっ

22）Hirschman, Elizabeth. C. and Holbrook, M. B.（1982）"Emerging Concepts, Methods, and Propositions", *Journal of Marketing*, Vol.46 ,No.3, pp.92-101.

た者は 3 人であった。3 人は母親の振袖を着用するという回答であった。③振袖を選択する際に重要なキーワードを 1 人につき 5 つ以上あげてもらった結果，回答の多い順に示すと，伝統的，品質の良さ，上品さ，似合う，ノスタルジィ，レトロ，かわいい，花柄，デザインの良さ，色が気に入るであった。

3 振袖に関する本調査

2018（平成 30）年 6 月 10 日から 19 日の間に本調査を実施した。対象は関西圏（兵庫県，大阪府，京都府）に在住で，私立大学に在籍している 3 年生の女子大学生 300 人である。彼らは成人式を済ませているが，卒業式は済ませていない。質問項目は①成人式に振袖で参加したか否か，②振袖を購入した場合はその金額，レンタルした場合はその金額，購入もレンタルもしていない場合はどのように振袖を手に入れたかの方法である。そして③ 33 項目にまとめた振袖に求めるニーズの重要度である。この重要度については 5 段階尺度での回答を求めた。点数の意味は 1：たいへん重要である，2：やや重要である，3：どちらでもない，4：やや重要ではない，5：まったく重要ではない，である。数値が小さいほど重要度が高いということになる。次の項で述べる袴姿も同じ尺度を用いており，数字の意味も同じである。この 33 項目は予備調査の結果から出現回数の多いものを 30 ワード選択したが，同位があるので 33 となった。得られた結果は袴姿の調査結果と類似のワードが多かったので，袴姿の分析にも適応した。

結果，図表 9-6 には基本的な項目についての回答結果をまとめた。図表 9-7

図表 9-6　成人式に振袖を着用した者の特徴

n = 300

質問項目	回答
①成人式に振袖を着用した者	285 人（95.0%）
②振袖を購入した者	91 人（31.9%）285 人中
振袖を購入した場合の平均金額	381,500 円
振袖を業者からレンタルした者	190 人（66.7%）285 人中
業者からレンタルした場合の平均金額	98,500 円
上記どちらでもない者	4 人（1.4%）285 人中
上記どちらでもない場合の対処法	母親，姉，叔母から譲り受けた，借りた

（筆者作成）

156

図表 9-7　選択基準 33 項目の振袖の重要度

n = 300

項目	平均値	項目	平均値	項目	平均値
トレンディだ	2.7	レトロだ	1.9	花柄	1.7
高品質だ	2.9	伝統的	1.4	かわいい	2.0
スタンダードだ	2.0	ブランドだ	2.8	目立つ	3.2
オリジナリティがある	3.4	外見がよい	3.6	質素な	2.4
珍しい	2.2	素材がよい	2.9	着やすい	3.2
シンプルだ	3.9	デザインがよい	2.0	ゴージャスな	1.8
女性らしい	2.0	色がよい	2.0	ファッショナブル	3.2
似合う	2.9	若々しい	2.8	新鮮な	3.5
贅沢な	3.8	活動的な	3.2	威厳がある	2.8
上品だ	2.4	華美な	1.2	快適な（動き）	3.4
一度だけの機会だ	3.7	都会的な	4.3	ノスタルジックな	1.9

注）小数点以下第 2 位を四捨五入　　　　　　　　　　　　　　　　（筆者作成）

には 33 項目に対する 5 段階尺度の回答の平均値を示した。

　図表 9-6 によると，成人式に振袖を着用した者は 300 人中 285 人で 95.0％であった。着用した者の中で振袖を購入した者は 285 人中の 91 人で 31.9％であった。彼らの購入金額の平均値は 381,500 円であった。また，振袖を業者からレンタルした者が 285 人の中の 66.7％にのぼったが，自分自身で振袖を着付けることができないので，多くの場合は，業者から振袖を借りた時に着付けとヘアースタイルを整える予約を済ませている。また，写真を成人式の当日に撮ることは時間的にタイトになるので，あらかじめ成人式の当日よりも先に写真を撮る者が多い。これを「前撮り」と呼ぶ。「前撮り」では，巾着や和傘などの小物を借りることができるというメリットや当日の天候には関係なく，室内で写真をプロにとってもらえるというメリットがある。「前撮り」の場合は，撮影する写真の枚数によって値段が異なる。レンタルした場合の平均金額は 98,500 円で約 10 万円である。着物本体だけではなく，通常は小物も同時にレンタルする。小物とは式の当日に使用する巾着，当日に履く草履などが含まれる。巾着は鞄の代用である。また，前撮り写真のための小物である傘，羽子板などの料金はレンタル代金に含まれていない場合もあり，別料金になる場合もある。

　図表 9-7 をみると，平均値の高い項目，すなわち重要度の高い項目は数値が

小さい。具体的には花柄（1.7），レトロだ（1.9），伝統的（1.4），ゴージャスな（1.8），ノスタルジックな（1.9），華美な（1.2）などがあげられる。一方，重要度の低い項目はシンプルだ（3.9），贅沢な（3.8），一度だけの機会だ（3.7）などである。女子大学生たちにとって振袖を着る機会は多くはない。成人式以外で着用する機会は結婚式あるいは謝恩会，卒業式くらいである。そこで考えられることは，振袖を着る機会を貴重だと女子大学生たちが感じていることである。

　次にこれらの300人から得た1〜5までの5段階尺度の回答をデータベースとし，主因子法による因子分析を用いて，主要な要因を抽出した。ここではバリマックス回転を用いている。因子分析を用いた理由は，本報告は2008年からの継続調査であり[23]，当時の分析手法が因子分析だったことから，比較をするために同じ分析手法を用いた。因子分析は奥野他（1971）によると「1900年代の初めから心理学における強力な統計的手法として発展し，その後，医学，生物学，経済学，教育学などの広い分野に応用されるようになってきた。（中略）因子分析の根本的な思想は，ある領域での一見複雑にみえる種々の現象も，きわめて少数の潜在的因子（latent factors）によって説明しうるという，科学の根底に横たわる parsimony（簡潔）の原則にもとづいている」と説明された。

　因子分析の結果を図表9-8に示した。図表9-8内の数字は小数点以下第3位を四捨五入した因子負荷量である。ここでは寄与率10.0%以上のものを考察対象とする。

　抽出された3つの因子は伝統的要因，華美な要因，花柄の要因である。伝統的要因は，振袖は若い女性が着るフォーマルな和服であることから，強く着物

---

23) 一連の研究報告としては，以下のとおりの口頭発表がある。
　「男子大学生の好む和柄模様の特徴」（2008年5月：日本家政学会第66回年次大会），「振袖に対する男子大学生のイメージ」（2013年5月：日本繊維機械学会第66回年次大会），「振袖に対する女子大学生の選択基準」（2014年5月：日本繊維機械学会第67回年次大会），「成人式に着用する衣類に対する選択基準」（2015年6月：繊維学会年次大会），「ハレの場に着用する衣服の選択基準」（2015年6月：日本繊維機械学会第68回年次大会），「男性の和装に対する評価」（2017年6月：日本繊維機械学会第70回年次大会），"Why Female University Students wear Kimono ?"（2018年3月：ICBEIT（International Conference on Business,Economics and Information Technology）in Osaka），"Kimono Purchase Decision: A Study of Japanese Female University Students Preference"（2019年3月：ICBEIT（International Conference on Business,Economics and Information Technology）in Singapore）

図表9-8　振袖の選択を支える要因

項目	第1因子	第2因子	第3因子	ネーミング	寄与率（%）
伝統的	0.80	−0.03	0.11	伝統的要因	30.0
スタンダートだ	0.72	−0.01	0.09		
ノスタルジックな	0.68	0.16	0.04		
レトロだ	0.52	0.09	0.02		
華美な	0.04	0.72	0.09	華美な要因	12.8
ゴージャスな	−0.11	0.63	−0.09		
上品だ	−0.08	0.54	−0.08		
花柄	0.09	0.02	0.59	花柄の要因	10.5
かわいい	−0.06	−0.01	0.53		
デザインがよい	−0.04	−0.04	0.52		

注）小数点以下第3位を四捨五入　　　　　　　　　　　　　　　（筆者作成）

を意識していると考えらえる。着物は日本古来の物で，ここでは振袖に伝統を感じていることになる。2つ目の華美な要因は，フォーマルではあるが成人式は一生に一回の晴れ舞台である。そのため「前撮り」と呼ばれる記念写真をとることがスタンダードになっており，オプションをつけて着飾るのである。華美に対しての後ろめたさは，女子大学生たちには存在しない。晴れやかに，目立つような豪華なものを求めているのである。3つ目の因子である花柄については，伝統的な因子と同様に，昔ながらの振袖の柄を意識していると考えられる。振袖の柄には花鳥風月が多く施されている。その中で特に花のモチーフは豊富であり，花というテーマは振袖にとっては大事な売れ筋でもある。女子が花を好むことは，昔からの流れでごく自然に受け入れられている。

3　袴に対する選択基準

1　袴 の 価 値

袴姿は昨今，「卒業袴」と名づけられるほど卒業式と結びついた装いとして認識されるようになった。和装ではあるが動きやすいという本来の良さに加えて，卒業式の定番の価値が見出されたのである。この背景には女子大学生たちも4年生になれば就職活動のためにスーツを着ることが多くなり，スーツは女子大学生たちにとっては，フォーマル性や華やかさを表現する装いではなく，就職活動中の制服のような役割を果たしていることがある。つまり，ハレの場

である卒業式にはスーツではない装いをしたいという欲求があると考えられる。

2　袴姿に関する予備調査

　袴姿に対する調査も振袖に対する調査と同じく，2018（平成 30）年 5 月に予備調査，6 月に本調査を実施した。袴姿は，下に着る袴そのものと，上に着る二尺袖の着物のセットとなる。

　予備調査で袴に関する質問の内容は①袴姿で卒業式に参加する予定か否か，参加予定者はその理由を回答する。卒業式に袴姿では行かない者はどのようなスタイルで行くか，またそのスタイルを選択した理由を回答する。②袴（上に着る着物も含める）を購入するか否か，購入した場合のその金額を回答する。購入しない場合は業者からレンタルするか否か，またレンタルする場合の金額を回答する。購入せず，業者からレンタルもしない場合は，どこから袴（上に着る着物も含める）を調達したかを回答する。③袴姿を選択する際に重要なキーワードを 1 人につき 5 つ以上あげる。

　結果は①卒業式に袴姿で行く予定であると回答した者は 30 人であった。②卒業式で袴を購入した女子大学生は 3 人（10.0％）であった。購入した袴の平均金額は 78,000 円であった。一方，購入しなかったのは 27 人（90.0％）であった。その中で袴をレンタルした人は 26 人（96.3％）であった。袴（上に着る着物も含める）をレンタルした平均金額は 46,000 円であった。残りの 1 人は 2 年前に卒業式を迎えた姉が袴を購入していたので，それを借りたと回答した。③袴姿を選択する際に重要なキーワードを 1 人につき 5 つ以上あげてもらった結果，多い順にはノスタルジィ，レトロ，若々しさ，動きやすさ，ダンス，伝統的，素材の良さ，よく見えること，標準的，オリジナル，珍しいであった。

3　袴姿に関する本調査

　2018（平成 30）年 6 月 10 日から 19 日の間に本調査を実施した。これは先に述べた振袖の調査と同時に同じ対象に実施された。よって女子大学生 300 人の基本属性は振袖の調査時と同じである。質問項目は①卒業式に袴姿で参加したいか否か，②袴を購入したい場合はその金額，レンタルしたい場合はその金額，購入もレンタルもしない予定の場合はどのように袴を手に入れる予定かである。

そして③袴姿に求めるニーズを 33 項目にまとめたが，それらの重要度は 5 段階尺度での回答を求めた。点数の意味は 1：たいへん重要である，2：やや重要である，3：どちらでもない，4：やや重要ではない，5：まったく重要ではない，である。数値が小さいほど重要度が高いということになる。

図表 9-9 には基本的な項目についての回答結果をまとめた。図表 9-10 には 33 項目に対する 5 段階尺度の回答の平均値を示した。

次にこれらの 300 人から得た 1 〜 5 までの 5 段階尺度の回答をデータベースとし，主因子法による因子分析を用いて，主要な要因を抽出した。ここではバリマックス回転を用いている。振袖と同様に寄与率 10.0％以上のものを考察す

図表 9-9　卒業式に袴を着用予定の者の特徴

n=300

質問項目	回答
①卒業式に袴姿で参加したい者	288 人（96.0％）
②袴を購入したい者	14 人（4.9％）
袴を購入したい場合の予算金額	78,500 円
袴一式を業者からレンタルした者	273 人（95.0％）
業者からレンタルしたい場合の予算金額	48,500 円
上記どちらでもない者	1 人（0.3％）
上記どちらでもない場合の対処法	姉から借りた

注）レンタルの場合，袴と二尺袖の着物がセットになっているので一式とした

（筆者作成）

図表 9-10　選択基準 33 項目の袴の重要度

n = 300

項目	平均値	項目	平均値	項目	平均値
トレンディだ	1.8	レトロだ	2.2	花柄	4.0
高品質だ	3.0	伝統的	1.6	かわいい	2.9
スタンダードだ	2.0	ブランドだ	2.8	目立つ	2.9
オリジナリティがある	3.1	外見がよい	1.8	質素な	2.4
珍しい	3.4	素材がよい	3.8	着やすい	3.2
シンプルだ	2.9	デザインがよい	1.9	ゴージャスな	3.2
女性らしい	4.1	色がよい	3.0	ファッショナブル	1.6
似合う	3.9	若々しい	1.4	新鮮な	1.8
贅沢な	2.8	活動的な	2.8	威厳がある	2.8
上品だ	3.4	華美な	2.8	快適な（動き）	2.0
一度だけの機会だ	3.2	都会的な	3.3	ノスタルジックな	1.7

注）小数点以下第 2 位を四捨五入

（筆者作成）

161

図表 9-11　袴の選択を支える要因

n = 300

項目	第1因子	第2因子	第3因子	ネーミング	寄与率（％）
伝統的	0.88	0.03	0.10		
ノスタルジックな	0.72	− 0.09	0.02	伝統的	
スタンダードだ	0.66	0.06	0.10	要因	20.0
レトロだ	0.53	0.05	0.08		
ファッショナブル	0.14	0.73	− 0.07		
トレンディだ	0.11	0.62	− 0.05	ファッショナブル	
外見がよい	0.09	0.54	− 0.07	要因	14.5
デザインがよい	0.07	0.51	0.13		
若々しい	0.02	− 0.08	0.62		
新鮮な	0.04	− 0.08	0.54	若々しさの	
快適な（動きやすい）	0.02	− 0.02	0.50	要因	11.8

注）小数点以下第3位を四捨五入　　　　　　　　　　　　　　　　（筆者作成）

る。得られた結果を図表 9-11 にまとめた。

　第1因子の伝統的因子は振袖と同様に袴も和装であるという認識がある。第2因子のファッショナブル因子は，袴姿を扱う業者によるレンタルによって，カラフルで近代的な袴も出回り，以前よりも多種多様になってきたことが原因である。もはや袴姿は洋服並みのバラエティさがある。各自の好みに合致した袴姿が選択されるようになり，ファッショナブルな要因が求められるようになったと考えらえる。第3因子は若々しさの要因が抽出された。卒業式という儀式は学生特有のものである。社会人になれば会社を退職する日が訪れても，卒業する日はない。よって，学生というイメージから若々しさが選択基準として重要になったのではないかと考える。

7　振袖と袴姿から分析した女子大学生の和装に対する着装意識

　振袖と袴姿の因子分析結果をそれぞれ図示したものが図表 9-12 である。

　振袖と袴姿の重要事項の中に共通して伝統的因子がある。これは両者が和装であることをふまえると不思議なことではない。振袖に花柄の因子と華美な因子があげられているが，振袖の場合はゴージャスな大柄の花柄というイメージ

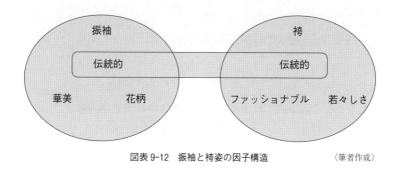

図表 9-12　振袖と袴姿の因子構造　　　　　　（筆者作成）

がある。華美は振袖の重厚さや帯を含め，その圧倒的な存在感をかもし出している要因である。着物には花柄が多い理由としては，着物が季節感を表しており，季節の花をモチーフにすることが多かったからである。また，花は虫や魚のように好悪がはっきりするものが少なく，万人に受け入れられやすいデザインとなるからである。

　袴姿にあるファッショナブルという要因は，おしゃれさであり，色や柄の多様性を示している。若々しさの因子も抽出されたが，これは初々しさに通じている。なお，袴の色に関しては，紺，緑，えんじ，黒，こげ茶などの色が女子大学生たちには選択されやすい。特に紺や黒はスクールカラーの延長上でもあり，また，袴に合わせる上の着物がどのようなデザインや色でもあわせやすく女子大学生たちからは好まれる色である。

　振袖と袴姿に共通している伝統的であるというイメージは，そのままフォーマル性があるともいえる。つまり，洋服と比較して成人式や卒業式という「式」にふさわしい装いであると認識しているのである。もちろん，洋服と比較をすれば振袖は動きにくく，歩きにくい装いである。この動きにくさは非日常的な要素であり，それ自体を特別なものとしてとらえている。特別な「ハレ」の日の特別な装いに通じている。

現時点では振袖と袴は「式」で着用する「ハレ」の装いである。しかし，着用機会が多くなるにつれてロイヤリティを感じる消費者が出現するはずである。チョードリーとホルブルック（Chaudhuri and Holbrook, 2001）は態度と行動を態度的ロイヤリティと行動的ロイヤリティというロイヤリティ概念から説明している。つまり，着る機会を増やし，着る場があることによって，振袖や袴姿にロイヤリティを感じる消費者が増えるのである。

ハンドメイドのアクセサリーのように，誰が，いつ，どのようなコンセプトで作成したのか，そしてそれをどのように消費者として手に入れるのかという一連の行動と作品に対する態度にも，ロイヤリティが存在しているのである。今後は消費者のロイヤリティによって選択が異なることが予想され，そのような場を創造する消費者の存在が認められる。

その場合に消費者に理解できる付加価値や新しい発見がなければならない。そのためには他者とは差別化できる特別な要素が必要になる。特別な要素はたとえば，品質のすばらしさ，品物の来歴，素材の産地，珍しさであり，作った人物である。

「ハレ」の場の創造を促進させるのは男子大学生よりも女子大学生であろう。なぜならば，廃棄のことを考え，モノを持たずにシェアすることが良いことだとされている現在において，振袖や袴姿のレンタルは時流にも合致している。また，着用した後の洗濯を含むメンテナンスを考えた場合，借りる方が価格的にも得策なのである。最近は，タンスよりも備えつけのクローゼットを有している家も多くなり，和服を収納する和ダンスも少なくなっている。このような状況で，年に数えるほどしか着る機会がない和服を所持することは，収納面からもコスト面からも負担である。かつて，浴衣は夏の夕涼みに着ることを薦められたが，やがて夜店でのシーンがイメージされるようになり，今では夏の花火大会の定番になった。これは花火大会という大きな「ハレ」の場が人々に与

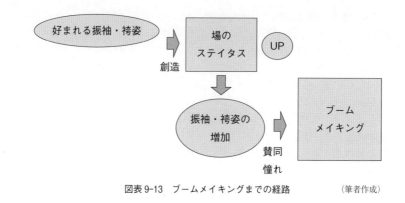

図表9-13　ブームメイキングまでの経路　　　　（筆者作成）

えられたのである。図表9-13にブームメイキングまでの経路を示した。

　場を作るということはマネジメントの世界では重要なことである。そこにビジネスチャンスがあるからである。具体的として，たとえば花火大会という場があるからこそ，浴衣を着る機会がある。成人式，卒業式という場があるから振袖，袴姿での装いが映えて，着たいという欲求がおこるのである。

　現在の若者が「ハレ」の場のひとつとして，成人式や卒業式をとらえているのであれば，その場に合致した装いやその場に付随したイベントがあると考えられる。冠婚葬祭をはじめ，「ハレ」という場を新しい視点からながめるために，そこに新しい価値や装いを提案できることが，ブームを作ることになる。

　本章は以下2つの論文が出所である。
2019年3月18日～19日にシンガポールで開催されたICBEIT（International Conference on Business, Economics and Information Technology）で，筆者が口頭発表をした研究を元にまとめたものである。タイトルは“Kimono purchase decision: A survey of Japanese female university students”であった。
辻幸恵（2015）「「ハレ」の場に着用する衣類の選択基準」『繊維機械学会誌　せんい』，Vol.68, No.11, pp.39-43

【参考文献】
伊丹敬之（1999）『場のマネジメント―経営の新パラダイム―』NTT出版
牛腸ヒロミ，佐々井啓，平田耕造，藤田雅夫，布施谷節子，増子富美，石原久代，長

山芳子編（2016）『被服学事典』朝倉書店

小川孔輔監修（2014）『消費者行動のモデル』朝倉書店

小野晃典（1999）「消費者関与―多属性アプローチによる再吟味―」『三田商学研究』Vol.41, No.6, pp.17-43

奥野忠一，久米均，芳賀敏郎，吉澤正（1981）『多変量解析法　改訂版』日科技連出版社

川島蓉子（2010）「NIPPON ブランドの価値づけこそが必要」『繊維製品消費科学』Vol.51, No.8, pp.21-26

神山進（1997）『消費者の心理と行動―リスク知覚とマーケティング対応―』中央経済社

佐野美智子（2013）『消費入門―消費者の心理と行動，そして，文化・社会・経済―』創成社

高木修，神山進，井上和子監訳（2004）『外見とパワー』北大路書房

辻幸恵（2015）「「ハレ」の場に着用する衣類の選択基準」『繊維機械学会誌　せんい』Vol.68, No.11, pp.39-43

辻幸恵（2013）『こだわりと日本人』白桃書房

辻幸恵（2018）「女子大学生の購買行動に影響を及ぼす諸要因―被服を選択する場合の価値観の変化―」『神戸学院大学経営学論集』Vol.15, No.1, pp.1-17

中島義明，神山進編（1996）『まとう―被服行動の心理学』朝倉書店

中川早苗編（2004）『被服心理学（新版）』日本繊維機械学会

中矢英俊，近藤剛編著（2017）『現代の結婚と婚礼を考える―学術的アプローチ―』ミネルヴァ書房

日本家政学会編（1989）『表現としての被服』朝倉書店

日本家政学会編（2015）『衣服の百科事典』丸善出版

松江宏，村松幸廣編著（2015）『現代消費者行動論（第4版）』創成社

松田久一（2009）『「嫌消費」世代の研究―経済を揺るがす「欲しがらない」若者たち―』東洋経済新報社

間々田孝夫（2016）『21世紀の消費―無謀，絶望，そして希望―』ミネルヴァ書房

宮田登（1999）『冠婚葬祭』岩波書店

山口庸子，生野晴美編（2012）『新版　衣生活論』アイ・ケイコーポレーション

Carlson Brad D.,Tracy A. Suter and Tom J. Brown（2008),” Social versus Psychological Brand Community: The Role of Psychological Sense of Brand Community,” *Journal of Business Research*, Vol.61, No.4, pp.284-291.

Chaudhuri, Arjun and Holbrook Morris B.（2001）"The chain of Effects from Brand Trust and Brand Affect to Brand Performance: The Role of Brand Loyalty," *Journal of Marketing*, Vol.65, No.2. pp.81-93.

Hirschman, Elizabeth. C. and Holbrook, M. B.（1982）"Hedonic Consumption: Emerging

Concepts, Methods and Propositions", *Journal of Marketing*, Vol.46, No.3, pp.92-101.

Holbrook, M. B. and Hirschman, E. C.（1982）"The Experiential Aspects of Consumption : Consumer Fantasies, Feelings, and Fun, "*Journal of Consumer Research*, Vol.9, No.2, pp.132-140.

Kochman,T.（1981）*Black and White Styles in Conflict.,* University of Chicago Press.

第10章　消費者の変化と社会のニーズ

1 所持することを求めない消費者

1　所持をしなくなった背景

　モノを持つということがステイタスであり，豊かさのシンボルであった昭和時代と比較すると，現在の若者たちは所持することへの執着は少ないといえよう。その背景にはシェアという新しい形態の消費行動やレンタルという所持しなくても利用できるシステムの発達が考えられる。所持が少なくなれば「買う」ことも少ない。しかし松下（2015）は「モノを買わない」のは若者だけではないと述べている[1]。最近の傾向としては松下（2015）が指摘するように景気の先行きに対する不安，生活レベルの自己評価を上，中の上と評定する人々の増加，趣味や余暇の使い方の変化の3つの要因が「買わない消費者」や「所持しない消費者」を増やしているのである。1つ目の先行きに対する不安に関しては，漠然とした将来に対する不安を抱く人々が増加しつつあることを指している。超高齢化社会によって支払われる年金への不安，環境への不安，そして健康への不安など，不安に思うことが経済的に，環境的に，肉体的に存在するのである。2つ目の生活レベルに関しては，大きな災害などの影響で，自身の今

1）松下東子（2015）「生活者1万人アンケートにみる日本人の価値観・消費行動の変化」『繊維製品消費科学』Vol.56, No.12, 29頁参考。「実は50代以下ではおしなべて消費支出は減少しており，日本人は全体的にお金を使わなくなっているといえよう」と続けている。

の生活，平穏な生活に対する評価が高くなったと考えられる。普段の生活を送ることができることに対して，生活レベルが中，上だと満足を感じるようになったと考えられる。3つ目の趣味の変化や余暇の使い方の変化も顕著である。ビデオ鑑賞やゲームという室内でできて，ひとりで楽しめる趣味が増加し，ゴルフ，ドライブ，スキーなどを楽しむ人々が減少しているといわれている。また，全体的に消費の規模が小さくなっているともいえる。

　さて，レンタルやリースに関しては，昨今は増加傾向にある。誰かが使用したものでも気にならないという若者の増加も考えられる。レンタルやリース以外にもリユースも増加しているが，リユースに関しては「もったいない」心理やエコ意識が背景にあると考えられる。図表 10-1 には「所持する」，「レンタル・シェア」する，「所持しない」の3つのパターンとその消費者心理を例示した。所持する消費者たちはモノ（製品）への信頼を有している。優れた，あるいは自分が気に入ったモノを持つことに対して，満足感が高い。そのモノを持つことが自身のステイタスを向上させると考えている。またそれをまだ有していない他者への自慢の気持ちもある。それを持つには若すぎたり，高額すぎたりしたとしても，見栄の気持ちもある。世間という他者へのアピールを重んじている消費者なのである。レンタル・シェアする消費者たちは，モノの選択眼を持たなければならない。それを借りる，つまりレンタルする方が得であるのか，購入した方が得であるのかをふまえなければならない。そして何よりも，モノの価値を自分で見極めなければならない。そこにはセンスの良さも必要になる。

所持する	レンタル・シェア	所持しない
モノへの信頼 持つことへの満足感 他者への自慢・見栄 世間体	モノを選択 便利さ，利用する センスの良さ 試す・選択眼を重視	モノよりコト 体験への満足 思い出 自己の成長

図表 10-1　所持から所持しない消費者の価値観　　（筆者作成）

所持しない消費者たちは，モノよりも体験や経験するコトを重視する。それが自身の思い出につながるからである。できなかったコトができるようになれば，それだけ自身の能力が上がることになる。

　かつて日本人がブランド志向だといわれてきた背景には，海外有名ブランドの品物を好んで購入してきたことにある。ルイ・ヴィトン，グッチ，エルメスなど女性向けの鞄はその代表例である。海外有名ブランド品が所有者の年収，ステイタスを想起させていた。しかし，最近はモノがステイタスを語らなくなった。高級な海外有名ブランドの鞄を所持していても自慢ができるとは限らない。高額なモノへの憧れは残ってはいるが，どうしても手に入れなければならないと思う人々は減少傾向である。高額であろうと低額であろうと，現在では自分に似合っているのか否か，自分が満足できるか否かが焦点で，世間体や他者の目よりも自分自身の価値観の方が重要なのである。

2　モノよりもコトを重視する傾向

　モノよりもコト，すなわち体験を重視する傾向がある。自分が何を経験したかが重要であり，それは，思い出づくりや体験から得られる喜びなどである。いわゆるコト消費である。

　図表10-2にはモノ消費とコト消費との関係を例示した。モノを購入する場合も，どのようにして手にいれるのかという経路やそのモノの持つ意味が重視されるのである。コトはサービスも含まれるが，一般的には経験とされており，目に見えないもののような印象がある。もちろん，コト消費が生まれてきた2000年頃には，趣味にお金をかけたり，コンサートを鑑賞することがコト消費の例として示されることが多かった。所有ではなく，その場やその機会を楽しむので時間消費とも呼ばれた。安心や安全を確保するための商品や，健康を維持するための商品，環境に配慮した商品などの購入には，コト消費の傾向が見られたのである。つまり安心を得るコト，健康になるコト，環境を壊さないコトを念頭にした商品なのだ。最近ではインバウンドにもコト消費の傾向が見られるといわれている。日本に観光にきて日本の製品を購入するだけではなく，

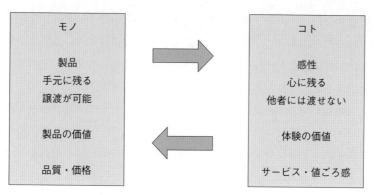

図表 10-2　モノ消費とコト消費の双方の流れ　　　　（筆者作成）

禅や書道の体験，和服の着用，能などの伝統的なものの鑑賞などを体験するコトを求める海外からの観光客が増加しているのである。山奥にある神社仏閣への訪問や温泉に入ることもコト消費としてとらえられている。

　『平成 27 年度地域経済産業活性化対策調査報告書』（経済産業省）ではモノ消費を「個別の製品やサービスの持つ機能的価値を消費すること」と定義している。そしてコト消費を「製品を購入して使用し，単品の機能的なサービスを享受するのみではなく，個別の事象が連なった総体である一連の体験を対象とした消費活動」としている。

2　ブランドに対する意識変化

1　自己表現としてのブランド

　石井，嶋口，栗木，余田（2004）はブランドの機能を 3 つあげている。それらは，製品（サービスを含む）の品質に関する責任の所在を明示し，保証する機能，ブランドを示すことによって差別化できる識別機能，ブランドに対する消費者の知識や思いなどを含める価値を想起する機能である。自己表現としてのブランドはこれらの 3 つのうち，特に想起する機能と関係があるといわれて

いる。なぜならば，あるブランドを気に入っている消費者はそのブランド品を身につけることによって，自分らしさをより的確に表現したいと思うからである。具体的には，たとえばルイ・ヴィトンなどの海外有名ブランドの品物を持つことに対して「お金持ちの夫人」というイメージを想起するならば，ルイ・ヴィトンの鞄を持つことは，まさに自身が「お金持ち」であることを表現しているのである。お金持ちに見られたいから，ルイ・ヴィトンの鞄を持ちたいのである。心のどこかに他者に対して自慢したいという気持ちや海外有名ブランドであるという優越感が存在している。つまり人格とは異なるところをモノで補おうとしているのである。このような傾向は最近の若者には少なくなってきている。それは，万人が共通して憧れるブランドが少なくなってきているからである。ブランドの数が減っているわけではない。誰もが強く憧れ，ほしいと思うブランド品が減っているのである。その背景には，多様化の時代を経て，価値観が多様化されたことがあげられる。また，有名海外ブランドではなくても，品質のよいものを好む消費者が増加したこともあげられる。消費者が商品知識をインターネットなどから簡単に手に入れることができるため，品質がよいもの，自分の好みに合うものを探しやすくなったのである。また，ブランド志向と言われてきた日本人ではあるが，自己表現の道具として使用することが減ってきたこともあげられる。

これまではアーカー（D. Aaker, 1999）が述べたように「自分の行動は真の内的感情，態度，信念を表現とする」と考える消費者はブランド選考の際，自己スキーマに大きい影響を受けるのに対し，「状況によって自己の行動が変わる」と考える消費者は状況的手がかりに影響を受けるのである。ブランド選択はその時の状況に左右されるのである[2]。

最近はブランドによって自己表現するよりもインスタグラムで自己表現する若者が多いと言われている。俗にいう「インスタ映え」を狙い，SNSを用い

2）Aaker, D.A.（1995）*Building Strong Brands*, Free Press の訳本は1997年に陶山計介，小林哲，梅本春夫，石垣智徳が『ブランド優位の戦略』としてダイヤモンド社から出版した。本論の記述は訳本を参考にしている。

て生活の中で自身が撮影をした写真などを発信しているのである[3]。

2　ブランド志向の変化

　図表 10-3 に一般的なブランドに対する意識を段階的に示した。矢印が上から下に向いているが，高級意識は上が高く，下に行くほど下がってくる。

　一般的にはこの矢印は値段とも一致しており，一流ブランドの方が高価格となる。ただし，中古ブランドの中には楽器やジーンズのようにプレミアがつくものもあり，それらは真ん中に位置しているブランドよりも高額になる。

　モノ消費からコト消費へのシフトで，ブランド観にも変化が見られる。かつてモノ消費には自慢や見栄の心理があったが，その代表格がブランド品であったからである。そこにステイタスを見出さない消費者が増加すれば，ブランド品を無理に所持しようという行動は少なくなる。ブランドそのものも多様化してきたので，ひと握りの巨大企業が有するブランド以外は，個人の好悪，セン

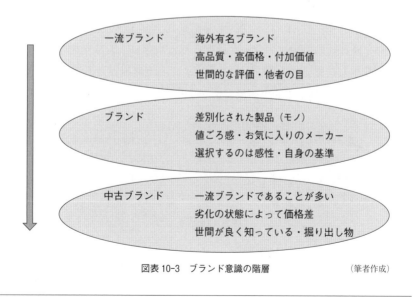

図表 10-3　ブランド意識の階層　　　　　　　（筆者作成）

3）インスタ映えという言葉は 2017 年の流行語である。Instagram に掲載する写真の見栄えをよくすることを指している。

スによっての選択が重視されるのである。

図表10-3の中古ブランドの中には古着やキズ物なども含まれている。最近は中古品ではなく，アウトレットなどに「わけあり」品として並べたり，タグを取って売られたりしているものもある。ブランド名を示しているタグを取ってしまえば，それは単なる洋服や鞄や靴という製品でしかないのである。消費者はそれらの製品の機能を購入することになる。

3 災害をふまえた消費行動

震災・災害という言葉が昨今は多く見られるようになった。これは災害に対する消費者の意識変化を示している。つまり災害は「しかたがない」現象だからあきらめるしかないという心理でははく，災害の前には，備える，準備をするという行動に変化しているのである。それは災害に対するあきらめの心理ではなく，予測して備えるという心理と，災害後もできうる限り被害を少なくしたいという心理なのである。心理の一部を図表10-4に示した。

この心理と行動の変化のきっかけとなった現象は，2011（平成23）年3月11日に発生した東日本大震災と言われている。東北地方太平洋沖地震による被害は福島第一原子力発電所事故による被害が大きくニュースとして取り上げ

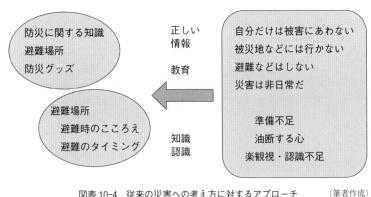

図表10-4　従来の災害への考え方に対するアプローチ　　（筆者作成）

られた震災であった。原子力発電所事故は現在も継続している問題である。復興庁の発表では，2019（令和元）年 7 月時点でも避難者数は 5 万 271 人である。この災害の特徴は避難が長期化していることにもある。この震災以前にも台風の被害や地震の被害はあった。しかし，2011 年以降は台風の影響による土砂災害にしても，規模が大きく，雨量も記録的なものが毎年のように日本列島を襲っている。それに対して人々の被災者を支援したいという心理も大きくなった。支援するためには，事実を認識し，支援する側が必要なモノを把握できなくてはならない。西ら（2013）が調査したところ，被災地では後片付けによる怪我，避難所では生活環境が充分に整っていない劣悪な環境から体調をくずす様子が報告されている。また衣類についての支援では下着が足りないこと，支援は上着が多いため，男性用のズボンの不足があげられていた[4]。

　図表 10-4 に示したように防災に関する知識には個人的にそろえなければならないグッズや，どこへ避難するのかという確認が必要になる。また，いつ，自宅を離れて避難所に行くべきなのかという避難のタイミングやそれを判断する力も必要である。図表 10-4 の右側のように，災害は自分には関係がない，避難などをしなくても大丈夫だ，災害などは非日常的なことだからめったには起こらないなど，自分に都合のよい解釈をして，何もしないという人々もまだ多く残っている。しかし，行動をするためには防災グッズで備えることや，正しい情報をどこから得るのかなどの事前の知識が必要なのである。

　さて，備えるという行動については南海地震の予測などから，防災グッズを販売する場所が多くなり，手軽にそろえることが可能である。避難訓練の回数も増え，誰もが訓練に参加できる環境にもなった。避難場所の案内も各自治体が地図などを用意していることが多くなった。スマートフォンのアプリを内蔵すれば，その指示にしたがって，避難所までの経路が示される機能もある。防

4）西弘子らによる「那智勝浦町における被災地支援活動」『繊維製品消費科学』Vol.54, No.3, 37-40 頁には 1948（昭和 23）年 9 月 3 日，和歌山県那智勝浦町に台風 12 号が甚大な被害を引き起こした。町立病院と町保健師が協力し，被災地支援活動を行った。この活動を通じて，避難所における環境不備による健康問題が明らかになった。

災グッズと同様に，避難をすることも身近になり，また，避難場所への誘導なども便利になったのである。

4 持続可能な社会へのニーズ

　寺田寅彦が「天災は忘れた頃にくる」といったとされている[5]。寺田自身も関東大震災を 45 歳の時に経験しているが，この言葉は日本人がよく知っている言葉である。被害を忘れられないように，先人たちは石碑や記念になる建物を残すこともあったが，災害は時とともに忘れられてしまうことが現実である。

　災害の教訓をいかしながら，次世代へと社会を構築していくこと，そして環境を改善していくことが，現時点では大きな課題なのである。昨今，エシカル消費に対しての認識を広める運動も活発になされている[6]。エシカル消費とは人や社会，環境に配慮した消費行動のことである。環境に配慮することが，ひいては持続可能な社会を創るのである。

　また，持続可能な社会と関連している SDGs（エス・ディ・ジー・ズ）は，2015 年 9 月に国連持続可能なサミットで採択された 17 の目標と 169 のターゲットである。SDGs は「だれひとり取り残さない」を理念に掲げている。これは，みんなで力を合わせ，未来に続くくらしを創る社会への実現を目指しているからである。そして 2030 年までに世界中で SDGs の理念をふまえて 17 の目標に取り組むことが求められているのである。17 の目標にはそれぞれ，具体的な取り組み方が示されている。たとえば，公正な社会の仕組みを創りだすために，生産国の人々に働く場所を作ることや，収入を安定させて，子供たちの教育機会を創出するために，フェアトレードのような売り方の工夫，買い方の工夫を

5）寺田寅彦は 1878（明治 11）年に生まれ，1935（昭和 10）年に亡くなった。戦前の物理学者であるが，多くの随筆を残している。

6）2019（令和元）年 9 月 29 日に兵庫県神戸市中央区港島の神戸学院大学ポートアイランド第 1 キャンパス D 号館でエシカル・ラボ in 兵庫が開催された。これは兵庫県と消費者庁の共催で開催された。企業，協同組合，大学生などとの協働によるイベントで，エシカル消費を推進する目的である。神戸学院大学からは混声合唱団パンドラやフェアトレードサークルのフェアスマイルが参加した。

することがあげられる。生産者の生活が成り立つように，公正な価格で商品原料などを継続的に買い取ることも，新しい購買行動である。これは SDGs の「貧困をなくそう」という目標に合致する行動である。日本においては，2016（平成28）年5月に政府が本部長を総理大臣，副本部長を官房長官，外務大臣として「SDGs 推進本部」を設けた。国内実施と国際協力の2つを意識して体制を整えたといえよう。この本部の下には行政，民間セクター，NGO，NPO，有識者，国際機関，各種団体などが含まれているのである。

　さて，国内においても，「飢餓をなくそう」というも目標に合致するための指針には，フードドライブを取り入れて，食品ロスを防ぐことが必要である。「つくる責任，つかう責任」という目標では，地域の担い手や生産者への支援，特に被災地域の復興への支援も視野に入る。作る人に配慮した環境で責任を持って生産し，食べる人（使う人）も責任を持って食べることが必要である。このような環境に配慮した購入方法や，使用方法，そして廃棄方法はこれまでとは異なる消費者行動につながっていくであろう。

図表 10-5　SDGs の 17 の目標

出典：国際連合広報センターより　https://www.unic.or.jp/files/sdg_poster_ja.pdf（閲覧日 2020 年 1 月 25 日）

また，古着（あるいは廃棄された洋服）のリサイクルやリユースは「産業と技術革新の基盤をつくろう」，「つくる責任，つかう責任」，「パートナーシップで目標を達成しよう」，「気候変動に具体的な対策を」などの目標にかかわってくるのである。

5 他者の支援をする行為

　持続可能な社会を創るためには，環境問題もさることながら，弱者を切り捨てずに，多くの人々が快適なくらしができることが重要である。これは贅沢にくらすということではない。他者への支援で有名なシステムは「クラウドファンディング」であろう。これは不特定多数の人々が他の人々やそのグループに対して財源の提供や労働を提供することである。群集（crowd）と資金調達（funding）を元にした造語であると説明されている。「クラウドファンディング」はベンチャービジネスの応援だけではなく，防災，市民ジャーナリスト（出版），音楽活動，映画製作，発明品，政治活動など多くの分野で活用されている。このようにお金を出してくれるいわば投資家の力を借りて，個人やグループが目的を達成するのである。ビジネス分野では通常，多くの投資家たちから株式を募集することによって企業の資金調達が達成されるが，クラウドファンディングの方法は，小口の投資ができることから，気軽な支援として昨今，注目を集めているのである。日本では先に紹介した災害の被災地に対する支援にもクラウドファンディングが実際に使用されたことがある。

　また，クラウドファンディングの個人の活用例として，無名の音楽家が自身の作品を世に出す方法として，クラウドファンディングで支援者を募り，念願のCDを発売することができたこともある。特定のプロジェクトに対する支援は目的が明確であるので，支援者側にもわかりやすいのである。達成できたときの感動も共有できることから，人と人とのつながりも感じられるファンドとして紹介されることもある。

　さて，他者を支援する行為として，レンタルやシェアもあげられる。必要な

時に必要なだけ与えるということは，無駄な時間と金額を使用することがない。また，フードドライブなど食品ロスを減らす方法も地球的な規模で考えれば，飢饉などで餓えている人々を助けることに繋がるのである。このように他者を支援する行為は，従来のお金や時間の使い方にも変化を及ぼしている。また，投資家というと特別なイメージであるが，小口で夢を応援していると考えれば，クラウドファンディングも身近な他人への投資であり支援なのである。

6　社会のニーズを考える消費者

　消費者がモノを消費するだけの時代は終わり，自らが必要なものを必要な分量だけ手に入れることを考える消費者が増加傾向にある。俗にいう合理的な消費者である。従来の企業からのメッセージをうのみにし，となりの芝生はあおいというように身近な人を羨ましがることは少なくなった。それは多様な価値観を認める素地ができあがった社会だからである。また，購入する際も不要なものまでは購入しないし，価格に対しても正確な情報を得ている消費者も多い。つまり，消費者自身が値ごろ感を有しているのである。これはインターネットの普及により検索さえすれば価格がわかるからである。

　また，自身の生活だけではなく，広い視野で社会が今何を求めているのか，どのようなものが足りないのかなどを考慮する力も消費者は有しているのである。もはや消費する人ではなく，生活する人，生活者であり，持続的な社会を望む良識のある合理的な判断をすることができる人々なのである。

　そのような背景には安定した社会を望む心理と，環境をこれまで以上に大切に思う心理がある。高度成長期の日本では多くの企業が公害を出していた。製品の生産のために自然が破壊されていても，多くの人々は気にしていなかった。しかし，今では，製品の生産のために，自然を破壊してもかまわないと思うような人々は少数派である。自然を壊さない，環境を保全し，より良い環境を創るという考え方が多数派なのである。

　消費者は時代によって変化する。それは社会の変化と同じである。その社会，

そしてその時代によって生活も異なれば，ニーズも異なる。持続可能な社会を望む人々が多い現在だからこそ，所持することに固執をしない人々が増え，古着をいとわない若者が増えた。そして不要なものを購入せず，すぐに廃棄をすることもしない行動が当たり前の時代になりつつあるといえよう。

【参考文献】

石井淳蔵，栗木契，嶋口充輝，余田拓郎（2004）『ゼミナール　マーケティング入門』日本経済新聞出版社

経済産業省（2016）『平成 27 年度地域経済産業活性化対策調査―地域の魅力的な空間と機能づくりに関する調査報告書―』

田村正紀（2017）『贅沢の法則』白桃書房

田中洋（2017）『ブランド戦略論』有斐閣

辻幸恵（2013）「震災後の購買意識の変化」『繊維製品消費科学』Vol.54, No.3, pp.6-11

辻幸恵，梅村修（2005）『ブランドとリサイクル』リサイクル文化社大阪編集室

西弘子，城本依穂，喜田弘美，坂口千恵子，柳川敦子，網野美佐，中村健，坂野元彦，河﨑敬，佐藤泰子，田島文博，芝崎学（2013）「那智勝浦町における被災地支援活動」『繊維製品消費科学』Vol.54, No.3, pp.37-40

前田良治（2013）「持続可能な社会創りと生活者への提言―ライフサイクル思考から―」『繊維製品消費科学』Vol.54, No.3, pp.41-49

松下東子（2015）「生活者 1 万人アンケートにみる日本人の価値観・消費行動の変化」『繊維製品消費科学』Vol.56, No.12, pp.29-34

山本奈央（2018）「ソーシャルメディア時代のブランドによる自己表現」『繊維製品消費科学』Vol.59, No.11, pp.38-43

Kim, T., Kim, O.（2016）"Self-and Social Motivation to Interact with a Brand on Facebook: The Moderating Roles of Self-Expression and Brand Engagement in a Student Sample," *Cyberpsychology, Behavior, and Social Networking,* Vol.19, No.5, pp.328-334

お わ り に

　本書は欲張ってマーケティング論と消費者行動論の両方を盛り込んだ。前半はマーケティング論を，後半は消費者行動論をそれぞれ事例とともに示した。事例は消費者の代表として大学生たちを対象として調査を実施した。

　マーケット（市場）ではヒト，モノ，カネ，情報が常に動いている。市場や商いにはヒト，モノ，カネの要素が基盤にあり，その間を情報が常に流れている。この構図はこの先も大きく変化することはないかもしれないが，少なくともカネに関しては，目に見えるコインや紙幣の時代から，カード決済により目に見えないものになりつつある。小売店でもコンビニエンスストアでも身近な場所でカード決済がなされている。財布の中に現金がなくても，カード，あるいはスマートフォンに財布機能があれば決済が可能であり，ショッピングで困ることはないのである。また，誰もが所持しているスマートフォンによって，生活の中に流れている情報の取得方法も変化した。いつでも，どこでも，誰もが情報を瞬時に取得できるのである。もちろん，セキュリティの関係ですべての情報とはいえないが，生活する上で必要な多くの情報を取得できるのである。

　さて，価値の交換がマーケティングであるが，その価値を買い手が創造する時代となった。つまり，メーカーからの製品に対する価値付けが買い手である消費者の手にゆだねられているのである。売れない製品は消費者が価値を認めなかった製品といえよう。価値の創造だけではなく，価値を示す基準がモノ（製品）の性能や希少性だけではなく，こだわりやおもしろさという測定がむずかしい感性になった。今後もその傾向がしばらくは続きそうである。その根底には社会生活の多様化が存在する。学校を卒業すれば誰もが正社員として入社し，やがて結婚をして，子供を育てるというライフスタイルが変わりはじめた。卒業しても正規雇用ではない新卒者もいる。結婚をしないライフスタイルも珍しくはない。子供の出生率は年々低下を続け，子供がいない世帯も多い。今や単身世帯と夫婦2人の世帯が主流である。特に超高齢化によって，単身世帯では

老人のひとり暮らしが多く，また夫婦 2 人の世帯も老夫婦の世帯が多いのである。

　このような社会の中での価値は，従来の価値とは異なる。便利さ，手軽さ，早さなど，これまでの時代が求めてきたものも永遠ではない。早さでは今もファストファッションが流行しているが，一方では再びオーダーメイドの洋服も復活しつつある。2018（平成30）年11月，ブラックマンデーの時期に「1円で出来るオーダースーツ」なるものが世間でニュースになった。このからくりは，工場で在庫としてねむっていた生地を活用し，採寸などを店舗で済ませた後は，リピーターとして顧客を確保するという方法で利益を出していたのである。自分の体にフィットしたスーツは着ごこちがよく，それまでのスーツとは異なる良さを認識でき，その良さがやがて価値に変換されるのである。

　社会の中での価値が，商品に反映されていればヒット商品になる。たとえば，現在のヒット商品や流行しているものは「タピオカ飲料」であり，「インスタ映え」と呼ばれる写真投稿である。どちらも見た目の美しさや手軽さがある。

　今後も社会の中ではヒット商品や流行は時代の価値を反映しながら生まれてくるであろう。そのきざしをとらえる糸口がマーケティング・リサーチであり，それを実現していくためにマーケティングがある。そこからさらに知見を深めるためにマーケティング論が必要になる。一方，消費者行動論では顧客を観察し，彼らの消費者心理を分析することになる。そこから正確に消費者のニーズをとらえ，価値が認められる製品やサービスを世の中に提案することができるのである。そして消費者の創造する価値についても予見をすることが可能になるであろう。マーケティングは今後も消費者の行動や思考，そしてその背景にある文化などに裏づけされながら変化していくと考えられる。

　さて，本書を発刊するにあたっては，㈲シサム工房代表取締役水野泰平氏には第6章のフェアトレードでの取材に応じて頂きました。また，㈱コミュースタイル代表取締役湯地弘幸氏にはハンドメイド品を通じ，アクティブ・ラーニングで学生共々お世話になりました。アクティブ・ラーニングを推進できる環境をつくって下さっている神戸学院大学副学長田中康介先生並びに学部の諸先

生方にも心からお礼申しあげます。最後に予定が変更になりご迷惑をおかけした嵯峨野書院中江俊治氏にはたいへんお世話になりました。この場をおかりしてお礼申しあげます。

辻　幸恵

索　　引

[著者紹介]

辻　幸恵（つじ　ゆきえ）

現職：神戸学院大学経営学部教授
専門：ブランド論，消費者行動論，マーケティング論
論文・著書：『流行と日本人』（白桃書房　2003 年）
　　　　　『アート・マーケティング』（共著　白桃書房　2006 年）
　　　　　『京都とブランド』（白桃書房　2008 年）
　　　　　『京都こだわり商空間』（嵯峨野書院　2009 年）
　　　　　『地域ブランドと広告』（共著　嵯峨野書院　2010 年）
　　　　　『こだわりと日本人』（白桃書房　2013 年）
　　　　　『リサーチ・ビジョン』（白桃書房　2016 年）
　　　　　『マーケティング講義ノート』（共著　白桃書房　2018 年）他
来歴：兵庫県神戸市生まれ。神戸大学大学院経営学研究科修士課程修了。修士（商学）。
　　　武庫川女子大学大学院家政学研究科博士課程修了。博士（家政学）。2015 年から神
　　　戸学院大学経営学部教授に就任，2019 年から同大学学長補佐，現在に至る。

持続可能な社会のマーケティング　　　　　　　　　　　〈検印省略〉
_____

2020年 4 月10日　第 1 版第 1 刷発行
2023年 6 月20日　第 1 版第 2 刷発行

　　　　　　　　　　　　著　者　辻　　　幸　恵

　　　　　　　　　　　　発行者　前　田　　　茂

　　　　　　　　　　　発行所　嵯峨野書院

〒615-8045　京都市西京区牛ヶ瀬南ノ口町39　電話(075)391-7686　振替 01020-8-40694
　　　　　　　　　　メールアドレス　sagano@mbox.kyoto-inet.or.jp
_____
© Yukie Tsuji, 2020　　　　　　　　　　　　　　西濃印刷・藤原製本

ISBN978-4-7823-0593-5

JCOPY ＜出版者著作権管理機構委託出版物＞
本書の無断複製は著作権法上での例外を除き禁じられ
ています。複製される場合は，そのつど事前に，出版
者著作権管理機構（電話03-5244-5088，FAX03-5244-
5089, e-mail: info@jcopy.or.jp）の許諾を得てください。

◎本書のコピー，スキャン，デジタル化等の無断複製
は著作権法上での例外を除き禁じられています。本書
を代行業者等の第三者に依頼してスキャンやデジタル
化することは，たとえ個人や家庭内の利用でも著作権
法違反です。

京都こだわり商空間
——大学生が感じた京ブランド——

辻　幸恵 著

京ブランドはなぜ若者にも人気があるのか？　大学生が新しい京ブランド22店舗の仕事場でフィールドワークをおこない，経営への情熱や仕事の奥深さを学んだ成果。あなたも京都の「本物」を感じてみませんか？
四六・並製・176頁・定価(本体1600円＋税)

地域ブランドと広告
——伝える流儀を学ぶ——

辻　幸恵・栃尾安伸・梅村　修 著

地域ブランドはどのように育まれ，伝えられるのか？　自ら歩いて地域ブランドを発掘すること，その良さを他者に伝えること，そして高度な技術を継承することの奥深さを知ることができる。広告を利用したコミュニケーション力養成の例も紹介。
Ａ５・並製・192頁・定価（本体1900円＋税）

消費社会とマーケティング
——ブランド・広告・ファッション・産業クラスター——

東　伸一・梅村　修・
玄野博行・辻　幸恵 著

マーケティングを学び始めた人たちへ！　若者が関心を持つ，ブランド・広告・ファッション・産業など，生活の中で起こる現象をテーマにマーケティングを読み解いてゆく。
Ａ５・並製・200頁・定価（本体1900円＋税）

嵯峨野書院